ESV
ERICH
SCHMIDT
VERLAG

AF557741

Für Justus

Basiswissen Gesundheitsrecht

Von

Prof. Dr. Peter Kostorz

ERICH SCHMIDT VERLAG

Bibliografische Information der Deutschen Nationalbibliothek
Die Deutsche Nationalbibliothek verzeichnet diese Publikation in der Deutschen Nationalbibliografie; detaillierte bibliografische Daten sind im Internet über http://dnb.d-nb.de abrufbar.

Weitere Informationen zu diesem Titel finden Sie im Internet unter
ESV.info/978-3-503-19199-4

Gedrucktes Werk: ISBN 978-3-503-19199-4
eBook: ISBN 978-3-503-19400-1

www.ESV.info

Dieses Papier erfüllt die Frankfurter Forderungen der Deutschen Nationalbibliothek und der Gesellschaft für das Buch bezüglich der Alterungsbeständigkeit und entspricht sowohl den strengen Bestimmungen der US Norm Ansi/Niso Z 39.48-1992 als auch der ISO-Norm 9706

Satz: schwarz auf weiss, Berlin
Druck und buchbinderische Verarbeitung: docupoint, Barleben

Vorwort

„Gesundheit ist nicht alles, aber ohne Gesundheit ist alles nichts!“ soll *Arthur Schopenhauer* einmal gesagt haben. Als Rechtsgut ist Gesundheit indes keines, das von unserer Verfassung unmittelbar geschützt wird. Zwar ist die Bundesrepublik Deutschland ein Sozialstaat (Art. 20 Abs. 1 GG), der gehalten ist, das Leben und die körperliche Unversehrtheit seiner Bürgerinnen und Bürger zu schützen (Art. 2 Abs. 2 Satz 1 GG), doch gewährt das Grundgesetz kein individuelles Recht auf Gesundheit im Sinne eines subjektiven Grund- bzw. Teilhaberechts. Diese Enthaltsamkeit geht dabei noch weiter: Anders als etwa die Wörter *Krankheit*, *Medizin* oder *Arzt* taucht *Gesundheit* im Verfassungstext nicht einmal vom Wortlaut her auf. Gleichwohl hat sich das Gesundheitsrecht als rechtswissenschaftliche Teildisziplin in jüngerer Zeit kontinuierlich weiterentwickelt und etabliert. Doch was bedeutet nun *Gesundheitsrecht* bzw. was umfasst dieses verhältnismäßig neue Rechtsgebiet? Bei der Beantwortung dieser Frage gehen die Literaturmeinungen deutlich auseinander. In der vorliegenden Einführung wird Gesundheitsrecht im Wesentlichen verstanden als die Summe aller Rechtsvorschriften, die die Aufgaben, Rechte und Pflichten der Akteure bzw. Institutionen im Gesundheitswesen bestimmt und auf diese Weise das Gesundheitssystem konstituiert, steuert und ordnet. Dabei sind drei Protagonisten des Gesundheitssystems besonders hervorzuheben: die Kranken- und Pflegekassen als Leistungs- bzw. Kostenträger von Gesundheitsleistungen, die Leistungserbringer, wie etwa die Ärzteschaft, Krankenhäuser oder Pflegeeinrichtungen, sowie deren Versicherte bzw. Patientinnen und Patienten als diejenigen, die die zur Verfügung gestellten Gesundheitsleistungen in Anspruch nehmen.

Die vorliegende Darstellung beschränkt sich diesbezüglich bewusst auf die Vermittlung von Basiswissen zum Gesundheitsrecht. Ziel ist es zum einen, die ebenso komplexen wie komplizierten Rechtsbeziehungen zwischen den drei großen Akteuren des Gesundheitssystems derart didaktisch reduziert zu erläutern, dass die Leserinnen und Leser ein erstes überblicksartiges Verständnis der Grundstrukturen des sog. gesundheitsrechtlichen Dreiecksverhältnisses gewinnen. Bei der Klärung von Detailfragen kann die vorliegende Einführung daher keinesfalls die Lektüre eines umfassenderen Lehrbuchs oder den Blick in einen der einschlägigen Gesetzeskommentare ersetzen, weshalb zu Beginn jedes Oberkapitels jeweils weiterführende bzw. vertiefende Literatur angegeben wird. Zum anderen soll das Buch die Zusammenhänge verdeutlichen, die zwischen den Rechtsbeziehungen der drei Protagonisten des Gesundheitssystems bestehen. Aus diesem Grund finden sich an vielen Stellen Querverweise zu anderen Kapiteln (▶ Kap.), um genau diese Kontexte aufzuzeigen.

Insgesamt gilt es aber natürlich zu beachten, dass eine erläuternde Einführung in eine bestimmte Rechtsmaterie stets nur eine Darstellung aus zweiter Hand ist. Die Leserinnen und Leser des vorliegenden Buches sind daher gehalten, sich im Zweifel auch mit dem genauen Wortlaut einer zitierten Norm auseinanderzusetzen (es gilt der Grundsatz: „Ein Blick ins Gesetz erleichtert die Rechtsfindung!“). Paragraphen, deren Lektüre zum Verständnis der dargebotenen Inhalte unabdingbar erscheint, sind darüber hinaus entsprechend kenntlich gemacht (☞ §).

Aufgrund seines einführenden Charakters empfiehlt sich das Buch vor allem für Studierende gesundheitswissenschaftlicher Fächer unterschiedlicher Prägung (z. B. Gesundheitswissenschaften, Pflege, Medizin, Gesundheitsökonomie etc.), die sich mit Fragen des Gesundheitsrechts vor allem aus der Sicht einer Bezugsdisziplin befassen und daher nicht zu tief in die Dogmatik dieses Rechtsgebietes eintauchen müssen. Es soll darüber hinaus aber auch denjenigen Studierenden der Jurisprudenz eine wertvolle Hilfe sein, die sich einen ersten Überblick über die dargestellte Materie verschaffen oder sie zur Prüfungsvorbereitung in aller Kürze und komprimiert wiederholen wollen. Dabei richtet sich das Buch selbstverständlich an Studentinnen *und* Studenten bzw. an alle interessierten Leser *und* Leserinnen, auch wenn im weiteren Text aus Gründen der besseren Lesbarkeit in aller Regel auf eine gleichzeitige Nennung beider Geschlechter verzichtet wird.

Das Manuskript zur vorliegenden Einführung in das Gesundheitsrecht ist insgesamt mit größter Sorgfalt sowie bestem Wissen und Gewissen verfasst worden. Sollten sich gleichwohl Fehler eingeschlichen haben, würde ich mich über eine kurze Rückmeldung unter *kostorz@fh-muenster.de* ebenso freuen wie über sonstige (positive oder negative) Kritik. Abschließend bedanke ich mich bei *Katharina Ley* und *Barbara Gorecki* ausdrücklich für die umsichtige Textkorrektur sowie viele wertvolle Hinweise in sprachlicher Hinsicht und zu medizinisch-pflegerischen Fragen der Patientenversorgung.

Münster, im März 2020 *Peter Kostorz*

Inhaltsverzeichnis

Abkürzungsverzeichnis

ÄApprO	Approbationsordnung für Ärzte
BÄO	Bundesärzteordnung
BGB	Bürgerliches Gesetzbuch
BGH	Bundesgerichtshof
BSG	Bundessozialgericht
BVerwG	Bundesverwaltungsgericht
DRG	Diagnosis Related Group
EBM	Einheitlicher Bewertungsmaßstab
EFZ	Entgeltfortzahlung
EFZG	Gesetz über die Zahlung des Arbeitsentgelts an Feiertagen und im Krankheitsfall (Entgeltfortzahlungsgesetz)
ErgThAPrV	Ausbildungs- und Prüfungsverordnung für Ergotherapeutinnen und Ergotherapeuten
ErgThG	Gesetz über den Beruf der Ergotherapeutin und des Ergotherapeuten (Ergotherapeutengesetz)
FamFG	Gesetz über das Verfahren in Familiensachen und in den Angelegenheiten der freiwilligen Gerichtsbarkeit
G-BA	Gemeinsamer Bundesausschuss
GewO	Gewerbeordnung
GG	Grundgesetz
GKV	gesetzliche Krankenversicherung
HeilprG	Gesetz über die berufsmäßige Ausübung der Heilkunde ohne Bestallung (Heilpraktikergesetz)
HeimG	Heimgesetz
IfSG	Gesetz zur Verhütung und Bekämpfung von Infektionskrankheiten beim Menschen (Infektionsschutzgesetz)
IGeL	Individuelle Gesundheitsleistungen
KHEntgG	Gesetz über die Entgelte für voll- und teilstationäre Krankenhausleistungen (Krankenhausentgeltgesetz)
KHG	Gesetz zur wirtschaftlichen Sicherung der Krankenhäuser und zur Regelung der Krankenhauspflegesätze (Krankenhausfinanzierungsgesetz)
KV	Kassenärztliche Vereinigung
LogAPrO	Ausbildungs- und Prüfungsordnung für Logopäden
LogopG	Gesetz über den Beruf des Logopäden

MDK	Medizinischer Dienst der Krankenversicherung
MedFAngAusbV	Verordnung über die Berufsausbildung zum Medizinischen Fachangestellten/zur medizinischen Fachangestellten
MPhG	Gesetz über die Berufe in der Physiotherapie (Masseur- und Physiotherapeutengesetz)
MuSchG	Gesetz zum Schutz von Müttern bei der Arbeit, in der Ausbildung und im Studium (Mutterschutzgesetz)
OEG	Gesetz über die Entschädigung für Opfer von Gewalttaten (Opferentschädigungsgesetz)
OLG	Oberlandesgericht
PflBG	Gesetz über die Pflegeberufe (Pflegeberufegesetz)
RidoHiMi	Richtlinien zur Festlegung der doppelfunktionalen Hilfsmittel
PhysThAPrV	Ausbildungs- und Prüfungsverordnung für Physiotherapeuten
PpSG	Gesetz zur Stärkung des Pflegepersonals (Pflegepersonal-Stärkungsgesetz)
RLV	Regelleistungsvolumen
RSAV	Verordnung über das Verfahren zum Risikostrukturausgleich in der gesetzlichen Krankenversicherung (Risikostruktur-Ausgleichsverordnung)
SGB	Sozialgesetzbuch
SPV	soziale Pflegeversicherung
StBG	Strafgesetzbuch
SVG	Gesetz über die Versorgung für die ehemaligen Soldaten der Bundeswehr und ihre Hinterbliebenen (Soldatenversorgungsgesetz)
WBVG	Gesetz zur Regelung von Verträgen über Wohnraum mit Pflege- oder Betreuungsleistungen (Wohn- und Betreuungsvertragsgesetz)
WHO	World Health Organization (Weltgesundheitsorganisation)
WTG NRW	Wohn- und Teilhabegesetz für das Land Nordrhein-Westfalen
ZDG	Gesetz über den Zivildienst der Kriegsdienstverweigerer (Zivildienstgesetz)

1 Begriff und Gegenstand des Gesundheitsrechts

Ebsen, Ingwer (Hrsg.): Handbuch Gesundheitsrecht, Bern 2015 | *Hobusch*, Sandra: Recht im Gesundheitswesen für Juristen und Nichtjuristen, München 2019 | *Igl*, Gerhard und *Welti*, Felix: Gesundheitsrecht. Eine systematische Einführung, München 3. Aufl. 2018 | *Prütting*, Dorothea und *Prütting*, Jens: Medizin- und Gesundheitsrecht. In Klausur und Praxis, Berlin und Boston 2018 | *Schlegel*, Thomas: Medizin- und Gesundheitsrecht, Stuttgart 2. Aufl. 2020.

In der Präambel zur Verfassung der *Weltgesundheitsorganisation* (WHO) wird Gesundheit definiert als „ein Zustand des vollständigen körperlichen, geistigen und sozialen Wohlergehens". Selbst ein Staat, der wie die Bundesrepublik Deutschland nach seiner Verfassung ein Sozialstaat ist (Art. 20 Abs. 1 GG), kann dies allerdings nicht in allen Fällen bzw. für alle seine Bürger gewährleisten. Gleichwohl statuiert das Grundgesetz – auch wenn es kein verfassungsrechtlich verbrieftes subjektives „Recht auf Gesundheit" gibt und das „Gut Gesundheit" im Verfassungstext nicht einmal Erwähnung findet (*Pestalozza* 2007) – eine gewisse öffentliche Verantwortung für den Schutz der Gesundheit der Bevölkerung bzw. für die Teilhabe der Bürger an der Versorgung mit Gesundheitsleistungen und damit nicht zuletzt auch für die Implementierung eines (wie auch immer gearteten) Gesundheitssystems sowie das Vorhalten einer gewissen Infrastruktur des Gesundheitswesens (hierzu *Igl*, in: *Igl/Welti* 2018, §§ 10 f.).

Das sich aus juristischer Perspektive mit dem Gesundheitssystem befassende Gesundheitsrecht ist in diesem Zusammenhang eine verhältnismäßig junge juristische Teildisziplin, die unterschiedliche Rechtsgebiete und -materien aus dem Bereich des Gesundheitswesens vereint und diese möglichst systematisch und kontextualisiert darzustellen versucht. Im Vergleich etwa zum Sozialrecht, das im Wesentlichen alle Regelungen des Sozialgesetzbuches umfasst, oder zum Medizin-, Arzt- oder neuerdings auch Pflegerecht, für das es einen relativ gefestigten Kanon an Rechtsfragen gibt, die diesem Rechtsgebiet zugeordnet werden können (vgl. für das Medizinrecht exemplarisch *Deutsch/Spickhoff* 2014, *Janda* 2016 oder *Quaas* et al. 2018, für das Arztrecht *Laufs* et al. 2015 bzw. 2019 oder *Ries* et al. 2017 und für das Pflegerecht *Müller/Schabbeck* 2018, *Weiß* 2016 oder *Wiese* 2014), ist das Gesundheitsrecht allerdings nach wie vor wenig konturiert. So zeigt allein ein Blick in die Inhaltsverzeichnisse der wichtigsten Lehrbücher zum Gesundheitsrecht (vgl.

vor allem *Hobusch* 2019, *Igl/Welti* 2018 oder *Prütting/Prütting* 2018), dass es sich hierbei um ein Rechtsgebiet handelt, das querschnittsartig zu verschiedenen anderen Rechtsbereichen verläuft und sich durch die Verknüpfung unterschiedlicher rechtlicher Disziplinen und das interdependente Zusammenwirken verschiedener Rechtsquellen auszeichnet: Es überschreitet deutlich die herkömmliche Kategorisierung des Rechts in Zivilrecht, Öffentliches Recht und Strafrecht, integriert unter anderem Regelungen des Sozialrechts, des Medizinrechts, des ärztlichen und nichtärztlichen Berufsrechts, des Arbeitsrechts, des Rechts der öffentlichen Gefahrenabwehr sowie des Haftungsrechts und verteilt sich dementsprechend auf eine Vielzahl von gesetzlichen und untergesetzlichen Rechtsquellen, die sich kaum in einer noch handhabbaren Textsammlung zusammenfassen lassen (vgl. indes *Großkopf* 2019 oder *Spickhoff* 2019). Damit ist das Gesundheitsrecht insgesamt ebenso komplex und kompliziert wie dynamisch!

Es ist daher kaum verwunderlich, dass die Regelungsmaterie des Gesundheitsrechts auch in der neueren Literatur nach wie vor sehr unterschiedlich abgesteckt wird (zum Versuch einer Konzeption *Zenger* 2003). So kann Gesundheitsrecht etwa verstanden werden als die Summe aller Rechtsvorschriften, die das Ziel verfolgen, die Gesundheit der Bevölkerung und jedes Einzelnen zu fördern, zu erhalten oder wiederherzustellen, und so unmittelbar oder auch nur mittelbar dem Schutz menschlicher Gesundheit dienen (so etwa *Klinger* 2016, 1053). Derart definiert ist der Begriff des Gesundheitsrechts sehr umfassend und nahezu konturlos, umfasst er danach auch Vorschriften zur Lebensmittelsicherheit nach dem Lebensmittelrecht, zum allgemeinen Schutz vor Gefahrstoffen nach den Immissionsschutzgesetzen des Bundes und der Länder, zum Arbeitsschutz nach dem Arbeitsrecht oder zur Gesundheitserziehung nach den Landesschulgesetzen (so auch *Igl*, in: *Igl/Welti* 2018, § 1 Rdnr. 2; ebenso kritisch *Kingreen* 2009, 293). Sehr eng eingegrenzt kann das Gesundheitsrecht aber auch verstanden werden als das Recht, das sich (ausschließlich) mit der gesetzlichen Kranken- und der sozialen Pflegeversicherung als den maßgeblichen Sozialleistungs- und Kostenträgern im Gesundheitswesen befasst (so etwa *Berchtold* et al. 2018). Auch wenn in diesen Sozialrechtsbereichen die Wurzeln des Gesundheitsrechts liegen, beschränkt es sich jedoch keinesfalls auf die im Recht der gesetzlichen Kranken- bzw. der sozialen Pflegeversicherung geordneten Sozialleistungstatbestände (so auch *Kingreen* 2009, 286 ff.) – andernfalls würde das Gesundheitsrecht nur einen Ausschnitt aus dem weiter zu verstehenden Sozial(versicherungs)recht darstellen.

Nach dem auch dieser einführenden Darstellung zugrunde liegenden Verständnis von Gesundheitsrecht umfasst es daher vielmehr die Gesamtheit des für die im Gesundheitswesen tätigen Akteure und Institutionen maßgeblichen Rechts, also neben dem tradierten Medizin- und dem gesundheitsbezogenen Sozialleistungsrecht auch das Recht der Leistungserbringung bzw. der Leistungserbringer im Gesundheitswesen einschließlich etwa des Arzt- oder des Krankenhaus- bzw. Heimrechts, das Recht der Gesundheitsberufe nebst den rechtlichen Fragen der Arbeitsteilung sowie der Kooperation zwischen den Angehörigen ärztlicher und nichtärztlicher Gesundheitsprofessionen, das Recht der vor allem zivilrechtlichen Haftung bzw. Verantwortung für Behandlungs- oder Pflegefehler, das Recht der Patientenautonomie und das der Bewirkung von Gesundheitsleistungen zugrundeliegende Vertragsrecht nebst den Regelungen zum Patientenschutz.

Gesundheitsrecht

Das Gesundheitsrecht umfasst die Gesamtheit aller Rechtsvorschriften, die die Aufgaben, Rechte und Pflichten der Akteure bzw. Institutionen im Gesundheitswesen regeln und so das Gesundheitssystem konstituieren, steuern und ordnen. Es zielt darauf ab, die gesundheitliche Versorgung der Bevölkerung bedarfsgerecht, qualitätsorientiert und wirtschaftlich sicherzustellen.

(*Kostorz* 2019a, 762)

Dabei sind aus der Gesamtheit aller Akteure im Gesundheitswesen vor allem die „gesetzliche Krankenversicherung als Schwergewicht und Angelpunkt des Gesundheitsrechts" (*Ebsen*, in: *Ebsen* 2015, 17) nebst der mit ihr institutionell verbundenen sozialen Pflegeversicherung hervorzuheben. Diese beiden Sozialversicherungszweige dominieren das Leistungsgeschehen im Gesundheitswesen, weshalb sie auch im Vordergrund der vorliegenden Einführung zum Gesundheitsrecht stehen. Die Träger der gesetzlichen Kranken- bzw. sozialen Pflegeversicherung sind dabei Bestandteil einer gesundheitsrechtlichen Dreiecksbeziehung, zu der neben den Kranken- und Pflegekassen als Kosten- und Leistungsträger von Gesundheitsleistungen die Patienten bzw. Versicherten als Leistungsbezieher sowie die Ärzte, Krankenhäuser und Pflegeeinrichtungen etc. als die Erbringer von Gesundheitsleistungen gehören (Abb. 1). Aus dieser *ménage à trois* ergeben sich drei wesentliche Rechtsbeziehungen (vgl. *Axer* et al., in: *Ebsen* 2015, 46 ff.): das *Leistungs- bzw. Versicherungsverhältnis* zwischen den Leistungsträgern und ihren Versicherten, das *Leistungserbringungsverhältnis* zwischen den Kostenträgern und den Leistungserbringern sowie das *Leistungserfüllungs- bzw. Behandlungsverhältnis* zwischen den Leistungserbringern und deren Patienten.

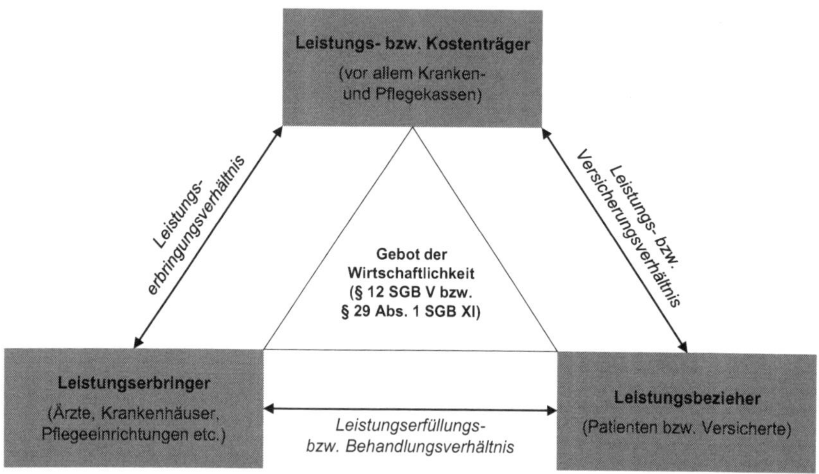

Abb. 1: Gesundheitsrechtliches Dreiecksverhältnis

Konstituierend für die Gewährung von Gesundheitsleistungen ist für gewöhnlich das *Leistungs- bzw. Versicherungsverhältnis* zwischen dem Leistungs- bzw. Kostenträger und dem Leistungsbezieher (▶ Kap. 2). Für den Bereich der gesetzlichen Kranken- und der sozialen Pflegeversicherung wird dieses Rechtsverhältnis hauptsächlich durch das Fünfte bzw. Elfte Buch des *Sozialgesetzbuches* (SGB V [Gesetzliche Krankenversicherung] bzw. SGB XI [Soziale Pflegeversicherung]) reglementiert; ergänzt werden diese beiden Gesetze unter anderem durch die Vorschriften des sog. *Allgemeinen Teils* des Sozialgesetzbuches im SGB I sowie durch die *Gemeinsamen Vorschriften für die Sozialversicherung* nach dem SGB IV. Danach können grundsätzlich nur diejenigen einen Anspruch auf im Einzelfall erforderliche Leistungen zum Schutz, zur Erhaltung, zur Besserung oder zur Wiederherstellung der Gesundheit geltend machen, die als Mitglied oder dessen Familienangehöriger bei einer Kranken- bzw. Pflegekasse versichert sind (§ 4 Abs. 2 Satz 1 SGB I sowie §§ 21 und 21a SGB I). Der Anspruch auf Gesundheitsleistungen richtet sich – beim Vorliegen eines Versicherungsverhältnisses sowie aller weiteren anspruchsbegründenden Voraussetzungen (§ 40 Abs. 1 SGB I), wie etwa dem Eintritt eines einschlägigen Versicherungsfalls – dann direkt gegen die Kranken- bzw. Pflegekasse als Leistungsträgerin der begehrten Gesundheitsmaßnahme, die ihren Versicherten die ihnen zustehenden Leistungen als „Naturalleistung" zur Verfügung zu stellen hat (sog. Sachleistungsprinzip) (§ 2 Abs. 1 Satz 1 SGB V bzw. § 12 Abs. 1 Satz 1 SGB XI).

Auch wenn die Ansprüche auf Gesundheitsleistungen folglich dem Grunde nach direkt gegen die zuständige Kranken- bzw. Pflegekassen zu richten sind, erfüllen diese die Leistungsansprüche ihrer Versicherten (von wenigen Ausnahmen abgesehen) nicht durch eigenes Personal bzw. durch eigene Gesundheitseinrichtungen, sondern unter Beteiligung externer, rechtlich selbstständiger Leistungserbringer, die hierzu befugt bzw. zugelassen und mit denen Vereinbarungen über die Honorierung der erbrachten Leistungen getroffen worden sind. Auch dieses sog. *Leistungserbringungsverhältnis* zwischen den Kassen als Kostenträger einerseits sowie den deren Leistungspflichten erfüllenden Leistungserbringern andererseits (▶ Kap. 3) findet seine rechtliche Verankerung vor allem in den Vorschriften des SGB V bzw. des SGB XI, darüber hinaus aber auch in einer Vielzahl weiterer, zum Teil untergesetzlicher Rechtsquellen, in vertraglichen Vereinbarungen der Leistungserbringer mit den Kassen sowie in autonom gesetztem Recht der Leistungserbringer bzw. ihrer Verbände und Vereinigungen – in diesem Sinne ist insbesondere das Leistungserbringungsrecht ein Spiegel der insgesamt hohen Komplexität des gesamten Gesundheitsrechts.

Im *Leistungserfüllungs- bzw. Behandlungsverhältnis* werden die Leistungsansprüche der Versicherten von den Leistungserbringern erfüllt und die zu gewährenden Gesundheitsleistungen bewirkt (▶ Kap. 4). Hier geht es in rechtlicher Hinsicht in erster Linie um die schuldrechtlich-synallagmatischen Beziehungen beider Akteure, also um den Abschluss und die Erfüllung des der Behandlung bzw. der medizinischen oder pflegerischen Versorgung zugrunde liegenden Vertrages; einschlägig sind hier vor allem die privatrechtlichen Vorschriften des *Bürgerlichen Gesetzbuches* (BGB), im Bereich der pflegerischen Versorgung zudem die Maßgaben des *Wohn- und Betreuungsvertragsgesetzes* (WBVG) beim Abschluss eines Heimvertrages mit einer stationären Pflegeeinrichtung sowie der § 120 SGB XI beim Abschluss eines Pflegevertrages mit einem ambulanten Pflegedienst. Darüber hinaus wird das Behandlungsverhältnis durch das sich aus Art. 2 Abs. 1 GG ergebende Recht auf Autonomie und Selbstbestimmung der behandlungs- bzw. pflegebedürftigen Patienten geprägt, wonach diese frei sowohl über das *Ob* als auch über das *Wie* einer medizinischen Behandlung bzw. einer pflegerischen Intervention entscheiden können. Für den Fall, dass Patienten ihren Willen gegebenenfalls nicht (mehr) frei äußern und entsprechend in eine medizinische bzw. pflegerische Maßnahme einwilligen können, enthält das BGB Maßgaben, wie diese eingeschränkte oder gar fehlende Einwilligungsfähigkeit rechtlich kompensiert bzw. substituiert werden kann. Zum Leistungserfüllungsverhältnis gehört schließlich das Recht der Haftung für Behandlungs- bzw. Pflegefehler. Sofern es diesbezüglich um den (zumeist finanziellen) Ausgleich eines von einem Leistungserbringer verursachten Schadens beim Patienten geht, ist hier erneut das BGB einschlägig, bei der strafrechtlichen Verantwortung für entsprechende Fehlleistungen greift das *Strafgesetzbuch* (StGB).

Eine Art Bindeglied zwischen diesen drei Rechtsverhältnissen bildet das sog. Wirtschaftlichkeitsgebot, nach dem die Leistungen der gesetzlichen Kranken- bzw. der sozialen Pflegeversicherung ausreichend, wirtschaftlich sowie zweckmäßig sein müssen und das Maß des Notwendigen nicht übersteigen dürfen (§ 12 Abs. 1 SGB V bzw. § 29 Abs. 1 SGB XI): Leistungen, die diese Voraussetzungen nicht erfüllen, können die Versicherten/Patienten nicht beanspruchen, dürfen die Leistungs-/Kostenträger nicht bewilligen und dürfen die Leistungserbringer nicht zu deren Lasten bewirken. Gleichzeitig muss die Versorgung der Versicherten jedoch auch dem Stand aktueller medizinischer bzw. pflegerischer Erkenntnisse entsprechen und fachlich gebotenen Qualitätskriterien folgen (§ 70 Abs. 1 SGB V bzw. § 11 Abs. 1 und § 112 Abs. 1 SGB V). Dies muss sich nicht in jedem Fall als die Quadratur des Kreises erweisen, gleichwohl bewegen sich die Akteure des Gesundheitswesens damit stets in einer Art Spannungsfeld zwischen der geforderten Effizienz und der erhofften Effektivität der zur Verfügung zu stellenden Gesundheitsleistungen.

2 Ansprüche auf Gesundheitsleistungen

Im stark ausdifferenzierten Gesundheitssystem der Bundesrepublik können Ansprüche auf Gesundheitsleistungen gegen eine ganze Reihe unterschiedlicher Sozialleistungsträger geltend gemacht werden, welche für jeweils spezifische Bereiche der Gesundheitsversorgung zuständig sind (§§ 18 ff. SGB I) (Tab. 1). Dabei werden die entsprechenden Sozialleistungen grundsätzlich nur auf Antrag erbracht (§ 16 SGB I bzw. § 19 Satz 1 SGB IV), der bei Minderjährigen ab der Vollendung des 15. Lebensjahres selber gestellt werden kann (sog. sozialrechtliche Handlungsfähigkeit) (§ 36 SGB I).

Im Rahmen des Antragsverfahrens ist der Antragsteller zur Mitwirkung verpflichtet; hierzu gehört etwa die Pflicht, für die Antragsbearbeitung erforderliche Angaben zu machen, zur Klärung offener Fragen beim Sozialleistungsträger zu erscheinen oder sich einer gutachterlichen Untersuchung zu unterziehen (☞ §§ 60 bis 64 SGB I). Kommt der Antragsteller diesen Mitwirkungspflichten nicht nach, können ihm – sofern er auf die entsprechenden Folgen hingewiesen worden ist – die beantragten Leistungen versagt bzw. bereits bewilligte Leistungen wieder entzogen werden (§ 66 SGB I). Die Grenzen der Mitwirkungspflicht ergeben sich aus ☞ § 65 SGB I; danach besteht insbesondere dann keine Pflicht zur Mitwirkung, wenn diese unverhältnismäßig, aus wichtigem Grund unzumutbar oder mit einem erheblichen Eingriff in die körperliche Unversehrtheit verbunden wäre. Nach § 67 SGB I kann die Mitwirkung auch nachgeholt werden; in diesem Fall kann der Sozialleistungsträger die versagte oder entzogene Leistung noch nachträglich erbringen.

Die zu gewährenden Leistungen werden als Dienst- (z. B. ärztliche Behandlung oder Pflege), Sach- (z. B. Versorgung mit Hilfsmitteln) oder Geldleistungen (z. B. Kranken- oder Pflegegeld) erbracht (§ 11 SGB I). Zu unterscheiden ist ferner zwischen Rechtsanspruchs- und Ermessensleistungen, also zwischen Leistungen, die beim Vorliegen der gesetzlichen Voraussetzungen erbracht werden *müssen*, und Leistungen, die von den Sozialleistungsträgern gewährt werden *können* (§§ 38 und 39 SGB I). Dabei ist der weitaus größte Teil der Sozial- bzw. Gesundheitsleistungen als Rechtsanspruchsleistungen ausgestaltet; Ermessensleistungen spielen im Sozialleistungsrechts eine eher untergeordnete Rolle.

Sozialleistungsbereich	gesetzliche Krankenversicherung	soziale Pflegeversicherung	gesetzliche Unfallversicherung	gesetzliche Rentenversicherung	soziale Entschädigung	Sozialhilfe	Rehabilitation und Teilhabe
Leistungsfall	Krankheit und Schwangerschaft/ Mutterschaft	Pflegebedürftigkeit	Arbeitsunfall und Berufskrankheit	Erwerbsminderung	Gesundheitsschädigung durch militärischen Dienst, Gewalttat, Impfung etc.	Bedürftigkeit	Behinderung
Träger	Krankenkassen	Pflegekassen	Berufsgenossenschaften, Unfallkassen der Länder etc.	Deutsche Rentenversicherung	Versorgungsämter	Kreise und kreisfreie Städte	siehe links
Gesundheitsleistungen	▪ Gesundheitsförderung und Krankheitsfrüherkennung ▪ Krankenbehandlung ▪ Rehabilitation ▪ Leistungen bei Schwangerschaft und Mutterschaft ▪ Hilfen zur Familienplanung	▪ häusliche Pflege ▪ teilstationäre Pflege ▪ vollstationäre Pflege ▪ Leistungen für Pflegepersonen	▪ Verhütung von Arbeitsunfällen und Berufskrankheiten ▪ Heilbehandlung und Rehabilitation ▪ Renten wegen Minderung der Erwerbsfähigkeit	▪ Prävention ▪ Rehabilitation ▪ Renten wegen verminderter Erwerbsfähigkeit	▪ Heil- und Krankenbehandlung ▪ Renten wegen anerkannten Schädigungsfolgen	▪ Hilfen zur Gesundheit ▪ Hilfe zur Pflege	▪ medizinische Rehabilitation
Leistungsgesetz	SGB V	SGB XI	SGB VII	SGB VI	BVG (i. V. m. OEG, IfSG, SVG, ZDG etc.) (geplant: SGB XIV)	SGB XII	SGB IX

Tab. 1: Gesundheitsleistungen nach §§ 18 ff. SGB I

Die Leistungen der gesetzlichen Kranken- (▶ Kap. 2.1) und der sozialen Pflegeversicherung (▶ Kap. 2.2) sind in diesem Zusammenhang insofern von besonderer Bedeutung, als sie in etwa zwei Drittel aller Gesundheitsgaben der Bundesrepublik ausmachen (*Statistisches Bundesamt* 2019, 150). Eine Gewährung von Leistungen nach dem SGB V (Recht der gesetzlichen Krankenversicherung) oder dem SGB XI (Recht der sozialen Pflegeversicherung) setzt dabei vor allem voraus, dass der Antragsteller in einem Versicherungsverhältnis zu einer Kranken- bzw. Pflegekasse steht und bei ihm der jeweils spezifische Versicherungsfall eingetreten ist. Bei den Leistungen der gesetzlichen Krankenversicherung ist dies regelmäßig das Vorliegen oder Drohen einer Erkrankung, bei denen der sozialen Pflegeversicherung der Eintritt von Pflegebedürftigkeit mit einem gewissen Schweregrad. Dem Versicherungsprinzip entsprechend werden die erbrachten Leistungen vornehmlich durch Beiträge finanziert, die von den Mitgliedern der Kranken- und Pflegekassen und bei den Beschäftigten üblicherweise auch von deren Arbeitgebern aufzubringen sind. Da sich die Beitragsberechnung an der finanziellen Leistungsfähigkeit der Mitglieder orientiert und das Versicherungsrisiko bzw. der (prognostizierte) Bedarf an Gesundheitsleistungen grundsätzlich unberücksichtigt bleibt, findet in der Kranken- und Pflegeversicherung ein gewisser sozialer Ausgleich zwischen gesunden bzw. gut verdienenden Versicherten einerseits sowie kranken bzw. gering verdienenden Versicherten andererseits statt (vgl. *Simon* 2017, 61 f.) (Abb. 2).

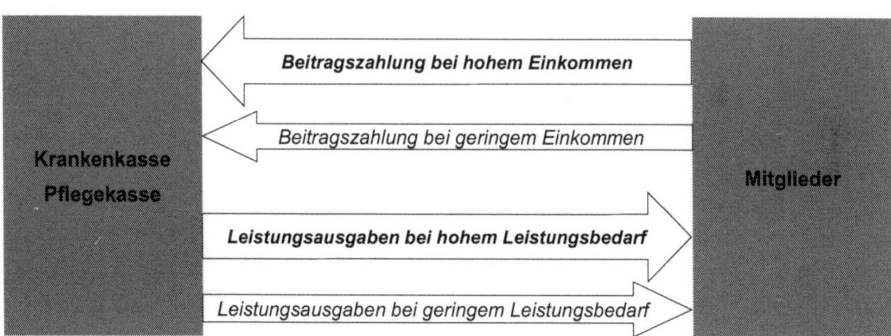

Abb. 2: Solidarausgleich in der Kranken- und Pflegeversicherung

2.1 Gesetzliche Krankenversicherung

BMAS [Bundesministerium für Arbeit und Soziales] (Hrsg.): Übersicht über das Sozialrecht, Nürnberg 16. Aufl. 2019 | *Fasselt*, Ursula und *Schellhorn*, Helmut (Hrsg.): Handbuch Sozialrechtsberatung, Baden-Baden 5. Aufl. 2017 | *Just*, Katrin und *Schneider*, Egbert: Das Leistungsrecht der gesetzlichen Krankenversicherung, Berlin 2. Aufl. 2016 | *Sodan*, Helge (Hrsg.): Handbuch des Krankenversicherungsrechts, München 3. Aufl. 2018.

Einen Anspruch auf Gesundheitsleistungen der gesetzlichen Krankenversicherung haben dem Grunde nach alle Versicherten, bei denen ein für diesen Sozialversicherungszweig typischer Versicherungsfall eingetreten ist (► Kap. 2.1.1). Der Anspruch besteht in diesem Fall unabhängig von der bereits bestehenden Versicherungsdauer und einer tatsächlichen Beitragszahlung; auch eine Bedürftigkeitsprüfung, wie sie das Sozialhilferecht kennt, erfolgt nicht. Die Leistungen folgen grundsätzlich dem Bedarfs(deckungs)-prinzip (vgl. *Simon* 2017, 63 f.), das heißt sie sind so zu bemessen und zu gestalten, dass die erforderlichen bzw. benötigten medizinischen Maßnahmen ohne nennenswerte Selbstbehalte der Versicherten durchgeführt werden können. Welche das im Einzelfall sind, wird durch den gesetzlich und untergesetzlich ausgestalteten Leistungskatalog der gesetzlichen Krankenversicherung bestimmt (► Kap. 2.1.2). Einen großen Stellenwert hat hier der Gedanke der Wirtschaftlichkeit, nach dem die zu erbringenden Leistungen ausreichend, zweckmäßig und wirtschaftlich sein müssen und das Maß des Notwendigen nicht überschreiten dürfen (☞ § 12 Abs. 1 SGB V). Dabei umfasst der Leistungskatalog der gesetzlichen Krankenversicherung vor allem Maßnahmen zur Prävention, zur Kuration, zur Rehabilitation und zur Palliation (§ 11 SGB V).

Finanziert werden die Leistungen in erster Linie durch einkommensabhängige Beiträge der Mitglieder der Krankenkassen und gegebenenfalls ihrer Arbeitgeber, die in einem sog. kassenübergreifenden Gesundheitsfonds verwaltet werden, um Unterschiede hinsichtlich der Mitgliederstruktur der einzelnen Kassen aus- bzw. anzugleichen (► Kap. 2.1.3). Insgesamt beruht das System der gesetzlichen Krankenversicherung damit auf dem Prinzip der Solidarität (☞ §§ 1 und 3 SGB V): Durch die bedarfsorientierte Leistungsgewährung und die einkommensabhängige Beitragsgestaltung kommt es zu einer tendenziellen Umverteilung von jungen und gesunden Versicherten mit hohem Einkommen zu älteren und kranken Versicherten mit geringem Einkommen, unter Berücksichtigung der Kostenfreiheit der

Familienversicherung auch von Alleinstehenden bzw. Kinderlosen zu Familien mit Kindern.

2.1.1 Anspruchsberechtigter Personenkreis

2.1.1.1 Versicherter Personenkreis

In der gesetzlichen Krankenversicherung sind knapp 90 % der Bevölkerung gegen das Risiko einer Erkrankung abgesichert (vgl. *Rosenbrock/Gerlinger* 2014, 125 f.). Hierzu gehören vor allem diejenigen Personen, die einer gesetzlich bestimmten Versicherungspflicht unterliegen (Versicherung kraft Gesetzes nach § 5 SGB V), sowie diejenigen, die sich freiwillig bei einer Krankenkasse versichert haben (Versicherungsberechtigung nach § 9 SGB V) (☞ § 2 Abs. 1 SGB IV); sie bilden zugleich den Mitgliederbestand einer Krankenkasse. Hinzu kommen die (beitragsfrei) mitversicherten Familienangehörigen dieser Mitglieder (Familienversicherung nach § 10 SGB V), die zur Kasse zwar ebenfalls in einem Versicherungs-, nicht jedoch in einem Mitgliedschaftsverhältnis stehen.

Die versicherungspflichtigen Personen nach ☞ § 5 Abs. 1 SGB V hält der Gesetzgeber aufgrund ihrer spezifischen finanziellen oder sozialen Situation für besonders schutzbedürftig, weshalb sie zwangsweise in die Solidargemeinschaft der gesetzlichen Krankenversicherung eingebunden werden (vgl. etwa *Muckel* et al. 2019, 108). Es handelt sich hierbei vor allem um Arbeiter bzw. Angestellte sowie Auszubildende, die gegen Arbeitsentgelt beschäftigt sind (§ 5 Abs. 1 Nr. 1 SGB V), Bezieher von Arbeitslosengeld und Arbeitslosengeld II (§ 5 Abs. 1 Nr. 2 und 2a SGB V), werktätige Menschen mit einer Behinderung (§ 5 Abs. 1 Nr. 7 und 8 SGB V), Studierende bis zum Abschluss des 14. Fachsemesters bzw. bis zur Vollendung des 30. Lebensjahres (§ 5 Abs. 1 Nr. 9 SGB V) und Rentenbezieher, wenn sie in der zweiten Hälfte des Zeitraums von der erstmaligen Aufnahme einer Erwerbstätigkeit bis zur Stellung des Rentenantrags mindestens 90 % dieser Zeit gesetzlich krankenversichert gewesen sind (§ 5 Abs. 1 Nr. 11 SGB V). Mit der letztgenannten, recht komplizierten Regelung soll verhindert werden, dass sich gut verdienende, versicherungsfreie Arbeitnehmer in jungen und gesunden Jahren privat krankenversichern und dann bei steigenden Beiträgen für den privaten Krankenversicherungsschutz im Alter in die vergleichsweise günstige Krankenversicherung der Rentner wechseln (vgl. *Nebendahl*, in: *Spickhoff* 2018, § 5 SGB V Rdnr. 51). Die Alters- bzw. Semestergrenze in der Krankenversicherung der Studierenden dient ebenfalls der Vermeidung von Missbrauch, da auch Studierende bei der Beitragserhebung (im Vergleich zu Arbeitnehmern) privilegiert werden (vgl. *Nebendahl*, in: *Spickhoff* 2018, § 5 SGB V Rdnr. 38).

Ausnahmen von der Versicherungspflicht werden mit ☞ § 6 Abs. 1 SGB V für Personenkreise gemacht, die für den Fall des Eintritts einer Erkrankung entweder anderweitig abgesichert sind oder sie – was sozialpolitisch zu kritisieren ist – aufgrund der Höhe ihres Einkommens nicht zwangsweise der Solidargemeinschaft der gesetzlich Krankenversicherten angehören sollen (vgl. etwa *Muckel* at al. 2019, 116 ff.). Hierzu zählen etwa Beamte, Richter und Soldaten, die nach beamtenrechtlichen Vorschriften oder Grundsätzen im Krankheitsfall Anspruch auf Beihilfe oder Heilfürsorge haben (§ 6 Abs. 1 Nr. 2 SGB V), sowie Arbeitnehmer mit einem Jahreseinkommen oberhalb einer sog. Jahresarbeitsentgeltgrenze (62.550,– € im Jahr 2020) (§ 6 Abs. 1 Nr. 1 SGB V); sie haben – sofern sie nicht anderweitig pflichtversichert sind – die Möglichkeit, sich entweder privat zu versichern oder beim Vorliegen einer bestimmten Vorversicherungszeit freiwillig der gesetzlichen Krankenversicherung beizutreten (§ 9 SGB V). Andere Personen sollen durch die Versicherungsfreiheit bewusst aus der gesetzlichen Krankenversicherung ausgeschlossen werden. So sind nach ☞ § 6 Abs. 3a SGB V Personen versicherungsfrei, wenn sie nach der Vollendung ihres 55. Lebensjahres versicherungspflichtig werden und sie in den letzten fünf Jahren vor Eintritt der Versicherungspflicht nicht gesetzlich versichert waren, wobei sie mindestens die Hälfte dieser Zeit versicherungsfrei oder von der Versicherungspflicht befreit gewesen sein mussten. Ihnen soll nach einer langen Versicherungszeit in der privaten Krankenversicherung, in der sie sich der Solidargemeinschaft der gesetzlichen Krankenversicherung entzogen haben, aus sozialpolitischen Gründen eine Rückkehr in die gesetzliche Krankenversicherung erschwert werden (vgl. *von Koppenfels-Spies* 2018, Rdnr. 177).

Zu den versicherungsfreien Personen gehören ferner Personen, die während der Dauer ihres Studiums als ordentlich Studierende (zugleich) gegen Arbeitsentgelt beschäftigt sind (☞ § 6 Abs. 1 Nr. 3 SGB V) (sog. Werkstudenten). Dieser Tatbestand der Versicherungsfreiheit (für das Beschäftigungsverhältnis!) ist dem ersten Anschein nach insofern erstaunlich, als gerade abhängig Beschäftigte zu den schutzbedürftigen und damit in der gesetzlichen Krankenversicherung versicherungspflichtigen Personen gehören (§ 5 Abs. 1 Nr. 1 SGB V), doch ist er unter Hervorhebung des gesetzlichen Tatbestandsmerkmals des *ordentlichen* Studiums und in Zusammenhang mit dem Versicherungspflichttatbestand des ☞ § 5 Abs. 1 Nr. 9 SGB V (Krankenversicherungspflicht der Studierenden) zu sehen (hierzu umfassend *Kostorz* 2012): Nach der Rechtsprechung des Bundessozialgerichts (vor allem *BSG* vom 19. Dezember 1974 [Az. 3 RK 64172]) studiert nur derjenige *ordentlich*, der überwiegend durch seine wissenschaftliche bzw. fachliche Ausbildung an der Hochschule in Anspruch genommen wird und sein Studium damit die parallel ausgeübte Beschäftigung überwiegt – nur dann ist und bleibt er vom Erscheinungsbild her ein „ordentlicher Student". Investiert der Betroffene hingegen mehr Zeit und Kraft in die Beschäftigung als in sein Studium, ist er von seinem Erscheinungsbild her kein „beschäftigter Student", sondern ein „studierender Beschäftigter", der das Kriterium der Absolvierung eines „ordentlichen Studiums" dem Grunde nach nicht mehr erfüllt. Zur Abgrenzung zwischen einem „beschäftigten Studenten" und einem „studierenden Beschäftigten" hat sich eine sog. 20-Stunden-Grenze etabliert: Ausgehend davon, dass die durchschnittliche wöchentliche Arbeitszeit von Arbeitnehmern in Vollzeit etwa 40 Stunden beträgt, wird die Möglichkeit eines ordentlichen Studiums dann angenommen, wenn die Arbeitsbelastung in der Beschäftigung nicht mehr als 20 Stunden wöchentlich, also nicht mehr als die Hälfte der Arbeitszeit eines vollzeitbeschäftigten Arbeitnehmers beträgt, da in diesem Fall noch mindestens die (andere) Hälfte der gesamten Arbeits- und Ausbildungszeit der Woche für Studienzwecke zur Verfügung steht. In der vorlesungsfreien Zeit besteht diese Abgrenzungsproblematik in deutlich geringerem Maße, so dass hier auch eine Beschäftigung mit einer wöchentlichen Arbeitszeit von über 20 Stunden möglich ist. Um eine einheitliche Verwaltungspraxis zu gewährleisten, haben die Krankenkassen allerdings vereinbart, dass eine Beschäftigung von über 20 Stunden wöchentlich in der vorlesungsfreien Zeit, also den sog. Semesterferien nur dann (weiterhin) ein ordentliches Studium erlaubt, wenn sie an maximal 26 Wochen im Jahr ausgeübt wird. Auch dies ist insofern stimmig, als einem Studenten, der an höchstens 26 Wochen im Jahr mit mehr als 50 % der gewöhnlichen Arbeitszeit und damit maximal vollschichtig arbeitet, umgekehrt noch mindestens 26 Wochen des Jahres verbleiben, an denen er (unter Umständen neben einer Teilzeitbeschäftigung von bis zu 20 Stunden wöchentlich) in ordentlicher Weise seinem Studium nachgehen kann. Wer nach diesem Merkmal insgesamt ordentlich studiert und damit als „beschäftigter Student" gilt, ist nach ☞ § 6 Abs. 1 Nr. 3 SGB V (nur!) in der (eine reine Nebentätigkeit zum Studium darstellenden) Beschäftigung versicherungsfrei und somit als ordentlicher Student (weiterhin) nach ☞ § 5 Abs. 1 Nr. 9 SGB V pflichtversichert (sog. Werkstudentenprivileg). Wessen Beschäftigung hingegen das Studium überwiegt, gilt als „studierender Beschäftigter", mit der Folge, dass die Beschäftigung nicht versicherungsfrei nach ☞ § 6 Abs. 1 Nr. 3 SGB V, sondern versicherungspflichtig nach ☞ § 5 Abs. 1 Nr. 1 SGB V ist, wobei die Versicherungspflicht aus der Beschäftigung der Versicherungspflicht als Student vorgeht (☞ 5 Abs. 7 Satz 1 SGB V); ein „studierender Beschäftigter" ist damit (ausschließlich) als ein gegen Arbeitsentgelt beschäftigter Arbeitnehmer versicherungspflichtig (Abb. 3).

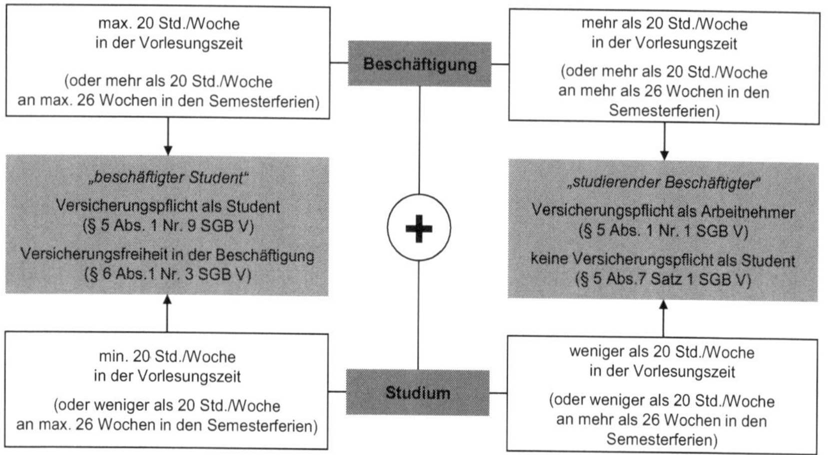

Abb. 3: Versicherungsrechtlicher Status von Werkstudenten

Schließlich sind nach ☞ § 7 Abs. 1 SGB V geringfügige Beschäftigungsverhältnisse i. S. d. ☞ § 8 Abs. 1 SGB IV versicherungsfrei. Zu unterscheiden ist diesbezüglich zwischen geringfügig entlohnten Beschäftigungen nach § 8 Abs. 1 Nr. 1 SGB IV mit einem regelmäßigen monatlichen Arbeitsentgelt von maximal 450,– € (sog. Minijobs) und kurzfristigen Beschäftigungen nach § 8 Abs. 1 Nr. 2 SGB IV, die nach ihrer Eigenart auf längstens drei Monate eines Kalenderjahres begrenzt sind (sog. Saisonjobs). Bei der versicherungsrechtlichen Einordnungen solcher Beschäftigungsverhältnisse sind mehrere geringfügige Beschäftigungsverhältnisse grundsätzlich zusammenzurechnen, wobei es durchaus möglich ist, eine geringfügig entlohnte Beschäftigung als versicherungsfreie Nebentätigkeit zusätzlich zu einer (versicherungspflichtigen) nicht geringfügigen Beschäftigung auszuüben (☞ § 8 Abs. 2 SGB IV). Hintergrund der Versicherungsfreiheit derartiger Beschäftigungsverhältnisse, die von dem Grundsatz des ☞ § 5 Abs. 1 Nr. 1 SGB V abweicht, ist die Tatsache, dass geringfügig Beschäftigte für gewöhnlich aufgrund anderer Tatbestände in der gesetzlichen Krankenversicherung abgesichert sind, sei es bspw. über ihre Haupttätigkeit oder über eine Familienversicherung nach § 10 SGB V.

Neben der gesetzlich bestimmten Versicherungsfreiheit nach §§ 6 und 7 SGB V besteht für bestimmte Personengruppen die Möglichkeit, sich auf Antrag von der Versicherungspflicht befreien zu lassen, um sich bei einem (privatwirtschaftlich organisierten) Krankenversicherungsunternehmen (wieterhin) privat absichern zu können. Hierzu gehören nach § 8 Abs. 1 SGB V etwa Arbeitnehmer, die wegen einer Erhöhung der Jahresarbeitsentgeltgrenze versicherungspflichtig werden (☞ § 8 Abs. 1 Satz 1 Nr. 1 SGB V) oder Studierende, deren Versicherungspflicht durch die Immatrikulation an einer Hochschule begründet wird (☞ § 8 Abs. 1 Satz 1 Nr. 5 SGB V). Der Antrag auf Befreiung von der Versicherungspflicht ist innerhalb von drei Monaten nach deren Beginn zu stellen. Sie wirkt vom Beginn der Versicherungspflicht an, wenn seit diesem Zeitpunkt noch keine Leistungen in Anspruch genommen wurden, ansonsten vom Beginn des Kalendermonats an, der auf die Antragstellung folgt. Die Befreiung kann nicht widerrufen werden und wird nur wirksam, wenn das Mitglied das Bestehen eines anderweitigen Anspruchs auf Absicherung im Krankheitsfall nachweist (§ 8 Abs. 2 SGB V).

Die Möglichkeit einer freiwilligen Versicherung – i. d. R. als Alternative zu einer Versicherung in der privaten Krankenversicherung – ist in § 9 SGB V geregelt. Der Versicherung beitreten können danach unter anderem Personen, die als Mitglied aus der Versicherungspflicht ausgeschieden sind oder deren Familienversicherung erlischt (☞ § 9 Abs. 1 Nr. 1 bzw. 2 SGB V). Typische Fallkonstellationen bilden hier Arbeitnehmer, die wegen einer Erhöhung der Jahresarbeitsentgeltgrenze versicherungsfrei werden, Studierende, die wegen des Alters oder der Dauer des Studiums nicht mehr in der Krankenversicherung der Studenten versichert werden können, oder Kinder von Mitgliedern, die eine Höchstaltersgrenze für eine mögliche Familienversicherung erreichen. Um die Vorschrift nicht zum Schlupfloch für einen Wechsel bzw. eine Rückkehr von der privaten in die gesetzliche Krankenversicherung werden zu lassen (vgl. *Muckel* et al. 2019, 124 f.), knüpft das Gesetz an die Möglichkeit der freiwilligen Versicherung regelmäßig das Erfüllen einer gewissen Vorversicherungszeit. So können Mitglieder, die aus der Versicherungspflicht ausscheiden, nur dann als (freiwilliges) Mitglied in der gesetzlichen Krankenversicherung bleiben, wenn sie in den letzten fünf Jahren vor dem Ausscheiden mindestens 24 Monate oder unmittelbar vor dem Ausscheiden ununterbrochen mindestens zwölf Monate versichert waren; bei Personen, deren Familienversicherung erlischt, ist diese Vorversicherungszeit von dem Angehörigen zu erfüllen, dessen Mitgliedschaft in der gesetzlichen Krankenversicherung das Recht zur Familienversicherung begründet hat.

Die gesetzliche Grundlage der Versicherung von Familienangehörigen findet sich in § 10 SGB V. Nach ☞ § 10 Abs. 1 SGB V ist sie vor allem für Ehegatten, eingetragene Lebenspartner nach dem *Lebenspartnerschaftsgesetz* (also nicht für den aktuellen Lebensabschnittsgefährten!) sowie Kinder von (pflicht- bzw. freiwillig versicherten) Mitgliedern einer Krankenkasse möglich. Kumulativ sind hierfür die in dem Absatz aufgeführten Voraussetzungen zu erfüllen; danach darf der Familienangehörige vor allem nicht anderweitig gesetzlich versichert oder versicherungsfrei sein (ausgenommen ist eine Versicherungsfreiheit in einer geringfügigen Beschäftigung nach § 8 SGB IV) und kein Gesamteinkommen haben, das regelmäßig im Monat ein Siebtel der monatlichen Bezugsgröße überschreitet (455,– € im Jahr 2020) (für die sog. Minijobber nach § 8 Abs. 1 Nr. 1 SGB IV beträgt das zulässige Gesamteinkommen 450,– €). Unschädlich ist dabei eine Versicherungspflicht in der Krankenversicherung der Studenten (so ist nach ☞ § 10 Abs. 1 Satz 1 Nr. 2 SGB V eine Versicherungspflicht nach ☞ § 5 Abs. 1 Nr. 9 SGB V ausdrücklich kein Ausschlusstatbestand für eine Familienversicherung), weshalb die Familienversicherung einer Pflichtversicherung als eingeschriebener Student grundsätzlich vorgeht (hierzu ausführlicher *Kostorz* 2012).

2.1.1.2 Versicherungsfälle

Anspruchsbegründendes Moment auf Leistungen der gesetzlichen Krankenversicherung ist neben dem Bestehen eines Versicherungsverhältnisses regelmäßig das Vorliegen bzw. Drohen einer Krankheit. Dieser Begriff ist als maßgeblicher Versicherungsfall der gesetzlichen Krankenversicherung allerdings nicht gesetzlich definiert, sondern durch die Rechtsprechung der Sozialgerichtsbarkeit geprägt (vgl. *Huster* 2017, 42 f.).

Krankheit

Krankheit ist jeder regelwidrige Körper- oder Geisteszustand, der entweder Arbeitsunfähigkeit und/oder Behandlungsbedürftigkeit zur Folge hat. Behandlungsbedürftigkeit liegt dabei vor, wenn der regelwidrige Zustand ohne ärztliche Hilfe nicht mit Aussicht auf Erfolg behoben, mindestens aber gebessert oder vor Verschlimmerung bewahrt werden kann.

(*BSG* vom 13. Februar 1962 [Az. 3 RK 63/61])

Anders als nach dem fast schon esoterisch anmutenden Krankheitsbegriff der WHO, nach dem Gesundheit „ein Zustand des vollständigen körperlichen, geistigen und sozialen Wohlergehens und nicht nur das Fehlen von Krankheit oder Gebrechen“ ist (Präambel Verfassung WHO) oder den Modellen des Kontinuums zwischen Gesundheit und Krankheit (vgl. etwa das Salutogenese-Modell von *Antonovsky* 1979) ist der krankenversicherungsrechtliche Krankheitsbegriff damit ein eher dichotomer (hierzu insgesamt *Roch/Hampel* 2019, 248) – dies betrifft sowohl das Kriterium der Regelwidrigkeit des Körper- oder Geisteszustandes als auch das deren Behandlungsbedürftigkeit.

Zum Teil knüpft das Leistungsrecht der gesetzlichen Krankenversicherung auch an den Begriff der Behinderung an, der mit dem der Krankheit zwar affin, aber nicht deckungsgleich ist; er ist in § 2 Abs. 1 SGB IX legaldefiniert, also dem Buch des SGB, das sich mit der Rehabilitation und Teilhabe behinderter Menschen befasst.

Behinderung

Behinderungen sind körperliche, seelische, geistige oder sinnliche Beeinträchtigungen, die Menschen in Wechselwirkung mit einstellungs- und umweltbedingten Barrieren an der gleichberechtigten Teilhabe an der Gesellschaft mit hoher Wahrscheinlichkeit länger als sechs Monate hindern können und die von dem für das Lebensalter typischen Zustand abweichen.

(§ 2 Abs. 1 SGB IX)

Der sozial(versicherungs)rechtliche Behinderungsbegriff geht damit vor allem zurück auf das biopsychosoziale Modell der *International Classification of Functioning, Disability and Health* der WHO (*WHO* 2001), das Behinderung als das Ergebnis einer Wechselwirkung unterschiedlicher Komponenten und Faktoren versteht, die dazu führen, dass durch eine gesundheitliche Beeinträchtigung einer Person deren gesellschaftliche Teilhabe gefährdet oder gehindert ist. Damit ist es vor allem Aufgabe der gesetzlichen Krankenversicherung, „die Behinderung abzuwenden, zu beseitigen, zu mindern, ihre Verschlimmerung zu verhüten oder ihre Folgen zu mildern" (§ 4 Abs. 1 Nr. 1 SGB IX), wobei die auszugleichende Behinderung hier regelmäßig auf die Folgen einer (chronischen) Krankheit zurückzuführen ist (▶ Kap. 2.1.2.4).

Als weitere leistungsbegründende Versicherungsfälle kennt das Recht der gesetzlichen Krankenversicherung die Schwangerschaft und die Mutterschaft. Hierbei handelt es zwar nicht um Erkrankungen im Sinne der Rechtsprechung des Bundessozialgerichts zum Krankheitsbegriff, gleichwohl ist es wichtig, dass schwangere und entbundene Frauen (ähnlich wie im Falle einer Erkrankung) medizinisch versorgt und betreut werden. Das Leistungsrecht der gesetzlichen Krankenversicherung sieht daher auch umfassende Leistungen bei Schwangerschaft und Mutterschaft vor (§ 24c SGB V) (▶ Kap. 2.1.2.7).

2.1.1.3 Leistungsausschlüsse

Auch wenn im System der gesetzlichen Krankenversicherung die Gewährung notwendiger Leistungen dem Grunde nach dem sozialpolitischen Leitbild der Finalität folgt, nach dem im Gegensatz zum Kausalprinzip nicht nach der

Ursache eines Leistungsbedarfs gefragt wird und dieser vielmehr hiervon unabhängig in adäquater und zweckmäßiger Weise mit dem Ziel gedeckt werden soll, eine Krankheit bzw. gesundheitliche Beeinträchtigung zu beseitigen (so auch *Höfling* et al., in: *Berchtold* et al. 2018, § 52 SGB V Rdnr. 4), sieht das Gesetz bestimmte Leistungsbeschränkungen bzw. -ausschlüsse vor. So können bspw. Versicherte, die sich eine Krankheit vorsätzlich zugezogen haben, an den Kosten der Leistungen in angemessener Höhe beteiligt werden (§ 52 Abs. 1 SGB V). In der Rechtspraxis wird diese Vorschrift indes eng ausgelegt, weshalb sie – im Gegensatz zur speziellen Leistungsbeschränkung bei der Zuziehung einer Krankheit durch medizinisch nicht indizierte ästhetische Operationen, Tätowierungen oder Piercings nach ☞ § 52 Abs. 2 SGB V – kaum zur Anwendung kommt (vgl. *BMAS* 2019b, 199).

Erheblich praxisrelevanter ist in diesem Zusammenhang § 11 Abs. 5 Satz 1 SGB V, nach dem auf Leistungen kein Anspruch besteht, wenn sie als Folge eines Arbeitsunfalls oder einer Berufskrankheit im Sinne der gesetzlichen Unfallversicherung zu erbringen sind. Dabei sind beide Versicherungsfälle der gesetzlichen Unfallversicherung – Arbeitsunfall und Berufskrankheit (§ 7 Abs. 1 SGB VII) – legaldefiniert.

Arbeitsunfall

Arbeitsunfälle sind Unfälle von Versicherten infolge einer den Versicherungsschutz … begründenden Tätigkeit (versicherte Tätigkeit). Unfälle sind zeitlich begrenzte, von außen auf den Körper einwirkende Ereignisse, die zu einem Gesundheitsschaden oder zum Tod führen.

(§ 8 Abs. 1 SGB VII)

Aus der Definition des Arbeitsunfalls nach § 8 Abs. 1 SGB VII hat die Rechtsprechung des Bundessozialgerichts ein Prüfschema zur Feststellung der Leistungspflicht der gesetzlichen Unfallversicherung entwickelt (Abb. 4) (vgl. vor allem *BSG* vom 31. Januar 2012 [2 U 11/R]) (hierzu etwa *Muckel* et al. 2019, 232 ff.). Grundvoraussetzung ist dabei zunächst eine Zugehörigkeit zum Kreis der in der gesetzlichen Unfallversicherung versicherten Personen (vor allem ☞ § 2 Abs. 1 SGB VII); hierzu gehören etwa Beschäftigte, Menschen mit Behinderung, die in anerkannten Werkstätten für behinderte Menschen tätig sind, Schülerinnen und Schüler bzw. Studierende, Ersthelfer bei Un- bzw. Unglücksfällen oder Pflegepersonen i. S. d. ☞ § 19 SGB XI (▶ Kap. 2.2.2.3). Diese Personen unterliegen dann dem Schutz der gesetzlichen Unfallversicherung, wenn sie eine die Versicherung begründende Tätigkeit ausüben (sog. innerer Zurechnungszusammenhang), so etwa Beschäftigte, wenn sie eine nach ihrem Arbeitsvertrag geschuldete Aufgabe verrichten, oder Studierende, die eine Vorlesung besuchen oder in der Bibliothek eine Recherche betreiben – sog. eigenwirtschaftliche Tätigkeiten können einen Versicherungsschutz nach § 8 Abs. 1 SGB VII folglich nicht begründen (bspw. der Genuss eines Bierchens auf dem Campus). Führt die Verrichtung dieser Tätigkeit ursächlich zu einem Unfall (sog. Unfallkausalität) und dieser wiederum zu einem Gesundheitsschaden oder gar zum Tod des Versicherten (sog. haftungsbegründende Kausalität), ist für die Gewährung der erforderlichen Gesundheitsleistungen nicht die Krankenkasse, sondern der zuständige Träger der gesetzlichen Unfallversicherung (§ 114 SGB VII) verantwortlich. Dies ist für den Versicherten insofern vorteilhaft, als die Leistungen der gesetzlichen Unfallversicherung keinem Wirtschaftlichkeitsgebot unterliegen, sondern es zu den Aufgaben dieses Sozialversicherungszweiges gehört, „nach Eintritt von Arbeitsunfällen [...] die Gesundheit und die Leistungsfähigkeit der Versicherten *mit allen geeigneten Mitteln* wiederherzustellen" (§ 1 Nr. 2 SGB VII) – hier geht die Effektivität der zu gewährenden Leistungen also deren Effizienz vor, weshalb eine Leistungserbringung durch die gesetzliche Unfallversicherung für den Versicherten stets günstiger ist als eine durch die gesetzliche Krankenversicherung (so auch *von Koppenfels-Spies* 2018, Rdnr. 398).

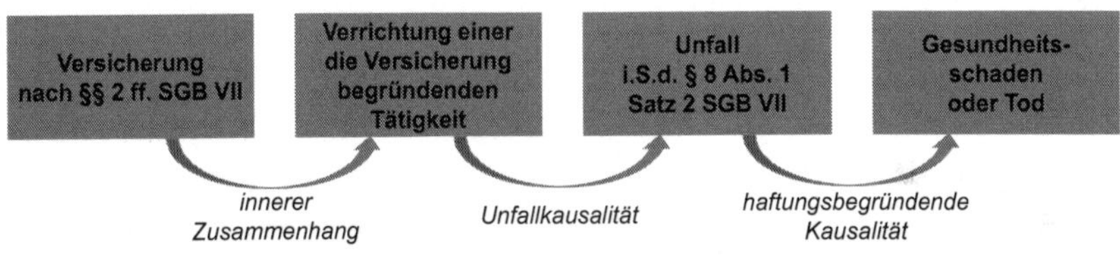

Abb. 4: Prüfschema Arbeitsunfall

> **Berufskrankheit**
>
> *Berufskrankheiten sind Krankheiten, die die Bundesregierung durch Rechtsverordnung mit Zustimmung des Bundesrates als Berufskrankheiten bezeichnet und die Versicherte infolge einer den Versicherungsschutz ... begründenden Tätigkeit erleiden.*
>
> (§ 9 Abs. 1 Satz 1 SGB VII)

Ähnliches gilt im Falle einer Berufskrankheit i. S. d. § 9 Abs. 1 Satz 1 SGB VII. Hier ist die Kausalitätsfeststellung allerdings insofern erschwert, als es sich bei der Manifestierung einer Berufskrankheit um einen eher schleichenden Prozess und eben nicht – wie bei einem Arbeitsunfall – um ein plötzlich eintretendes Ereignis handelt. § 9 Abs. 3 SGB VII sieht daher eine Beweiserleichterung in

Form einer Kausalitätsvermutung vor: Erkranken Versicherte, die bei der Ausübung ihrer versicherten Tätigkeit in erhöhtem Maße der Gefahr einer beruflichen Erkrankung ausgesetzt waren, an einer in der sog. Berufskrankheiten-Verordnung gelisteten Berufskrankheit und können Anhaltspunkte für eine Krankheitsursache außerhalb der versicherten Tätigkeit nicht festgestellt werden, wird vermutet, dass diese infolge der versicherten Tätigkeit verursacht worden ist (z. B. Erkrankung eines Bergmanns an Pneumokoniose).

2.1.2 Leistungskatalog

2.1.2.1 Überblick

Die Leistungen der gesetzlichen Krankenversicherung umfassen vor allem Maßnahmen der Prävention, der Kuration, der Rehabilitation, der Palliation sowie der pflegerischen Versorgung bei fehlender Pflegebedürftigkeit i. S. d. SGB XI und folgen somit einer sozialmedizinisch ausgerichteten Versorgungskette (Abb. 5). Hinzu kommen die Leistungen bei Schwangerschaft und Mutterschaft, die Zahlung von Krankengeld im Falle der Arbeitsunfähigkeit und die sog. akzessorischen Nebenleistungen, wie etwa die Gewährung einer Haushaltshilfe oder die Übernahme notwendiger Fahrkosten. Eine Übersicht aller von der gesetzlichen Krankenversicherung zu gewährenden Leistungen enthalten ☞ § 11 SGB V sowie ☞ § 21 SGB I.

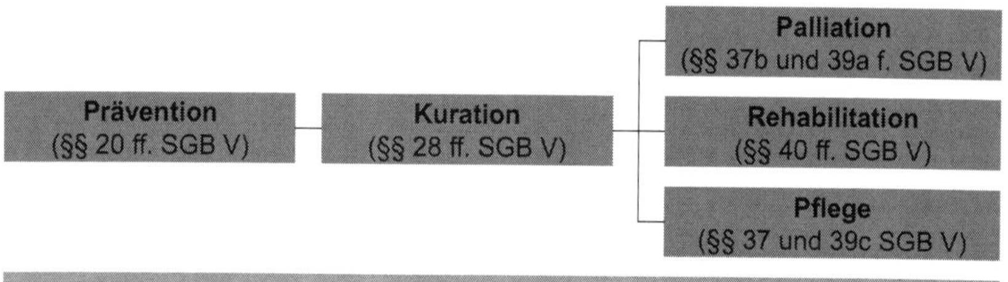

Abb. 5: Leistungskatalog der gesetzlichen Krankenversicherung

Dabei gilt gemäß ☞ § 15 Abs. 1 und ☞ § 28 Abs. 1 SGB V ein gewisser Arztvorbehalt (vgl. etwa *Trenk-Hinterberger* bzw. *Nebendahl*, in: *Spickhoff* 2018, § 15 SGB V Rdnr. 2 bzw. § 28 SGB V Rdnr. 3): So fallen die Maßnahmen der Diagnostik und Behandlung grundsätzlich in den Aufgabenbereich des Arztes, der entsprechende Maßnahmen im Zweifel höchstpersönlich erbringen muss. Ist eine Hilfeleistung anderer Personen erforderlich, sind diese vom Arzt anzuordnen und zu verantworten. Dementsprechend umfasst die vertragsärztliche Versorgung nach § 73 Abs. 2 Nr. 7 SGB V unter anderem auch die Verordnung von Arznei-, Verband-, Heil- und Hilfsmitteln, Krankentransporten sowie Krankenhausbehandlung oder der Behandlung in eine Vorsorge- oder Rehabilitationseinrichtung.

Konkretisiert bzw. ausgestaltet werden die nach §§ 11 ff. SGB V zu gewährenden Leistungen durch die sog. Richtlinien des *Gemeinsamen Bundesausschusses* (G-BA) nach § 92 SGB V (hierzu etwa *Axer* et al., in: *Ebsen* 2015, 53 ff.). Ihm gehören neben drei unparteiischen Mitgliedern fünf Mitglieder der gesetzlichen Krankenversicherung (Vertreter des *Spitzenverbandes Bund der Krankenkassen*) sowie fünf Mitglieder der Leistungserbringer (Vertreter der *Deutschen Krankenhausgesellschaft* und der *Kassen[zahn]ärztlichen Bundesvereinigung*) an; Patientenvertreter haben zwar ein Mitberatungs- und Antrags-, jedoch kein Stimmrecht (§ 91 SGB V). In den Richtlinien legt der G-BA fest, was eine ausreichende, zweckmäßige und wirtschaftliche Gesundheitsversorgung i. S. d. § 12 Abs. 1 SGB V beinhaltet und bestimmt so innerhalb des vom Gesetzgeber bereits vorgegebenen Rahmens, welche Leistungen der medizinischen Versorgung von den Krankenkassen im Einzelnen zu übernehmen sind. Er beschließt unter anderem Richtlinien für die ärztliche und zahnärztliche Behandlung oder die Verordnung von Arznei-, Verband-, Heil- und Hilfsmitteln, häuslicher Krankenpflege sowie Krankenhausbehandlung, (☞ § 92 Abs. 1 Satz 2 SGB V) (Richtlinien einsehbar unter www.g-ba.de).

Zu einer wirtschaftlichen Leistungsbewilligung gehört es auch, die Versicherten in begrenztem Maße an den Kosten der Leistungsgewährung zu beteiligen, um Fehlanreizen bei der Inanspruchnahme der ansonsten kostenfreien Zurverfügungstellung der Leistungen zu begegnen (*Rosenbrock/Gerlinger* 2014, 141). Volljährige Versicherte haben daher bei vielen Leistungen der gesetzlichen Krankenversicherung die in ☞ § 61 SGB V bestimmten Zuzahlungen zu leisten (Tab. 2); minderjährige Versicherte haben nur bei Zahnersatz und bei Fahrkosten Zuzahlungen zu erbringen.

Um eine finanzielle Überforderung der Versicherten zu vermeiden, sind diese Zahlungen stets nur bis zu einer bestimmten Belastungsgrenze zu leisten (☞ § 62 SGB V). Wird diese im Laufe eines Kalenderjahres erreicht, haben Versicherte die Möglichkeit, sich für den Rest des Jahres von den Zuzahlungen befreien zu lassen; entsprechendes gilt im Falle einer Zuzahlungsvorauszahlung in Höhe der Belastungsgrenze. Diese beträgt grundsätzlich 2 % der jährlichen Bruttoeinnahmen zum Lebensunterhalt, wobei hiervon bestimmte Kürzungsbeträge für im gemeinsamen Haushalt lebende Angehörige abgezogen werden. Bei chronisch Kranken, die wegen derselben schwerwiegenden Erkrankung in Dauerbehandlung sind, beträgt die Belastungsgrenze lediglich 1 % der jährlichen Bruttoeinnahmen zum Lebensunterhalt; Näheres bestimmt in diesem Zusammenhang die sog. Chroniker-Richtlinie des G-BA, in der bspw. der Begriff der schwerwiegenden chronischen Erkrankung definiert wird.

Leistung	Zuzahlung	Grenzen bzw. Ausnahmen
Arznei- und Verbandmittel	10 % der Kosten	min. 5 € / max. 10 € (jedoch nicht mehr als die Kosten des Mittels)
Heilmittel	10 % der Kosten zzgl. 10 € je Verordnung	
Hilfsmittel	10 % für jedes Mittel	min. 5 € / max. 10 € (jedoch nicht mehr als die Kosten des Mittels) bei zum Verbrauch bestimmten Hilfsmitteln 10 % je Verbrauchseinheit / max. 10 € pro Monat
Zahnersatz	30 % bis 50 %	abhängig von den Bemühungen um die eigene Zahngesundheit
Krankenhausbehandlung	10 € pro Kalendertag	max. 28 Tage pro Kalenderjahr
häusliche Krankenpflege	10 % der Kosten zzgl. 10 € je Verordnung	max. 28 Tage pro Kalenderjahr
Soziotherapie	10 % der Kosten am Kalendertag	min. 5 € / max. 10 €
Fahrkosten	pro Fahrt 10 % der Kosten	min. 5 € / max. 10 €
Haushaltshilfe	10 % der Kosten am Kalendertag	min. 5 € / max. 10 €
stationäre Vorsorge	10 € pro Kalendertag	
medizinische Rehabilitation	10 € pro Kalendertag	bei Anschlussrehabilitation begrenzt auf 28 Tage pro Kalenderjahr unter Anrechnung der Zuzahlung für die Krankenhausbehandlung
künstliche Befruchtung	50 %	

Tab. 2: Zuzahlungen in der gesetzlichen Krankenversicherung

2.1.2.2 *Prävention*

Die Leistungen der Prävention sind mit dem Präventionsgesetz aus dem Jahr 2015 erheblich ausgeweitet worden (vgl. *Geene/Reese* 2016); sie umfassen sowohl Maßnahmen der Primärprävention als auch der Sekundärprävention. Bei der Primärprävention geht es um den Erhalt und die Förderung der Gesundheit bzw. die Vorbeugung und Verhütung von Krankheiten. Zu ihnen gehören die Leistungen der (betrieblichen) Gesundheitsförderung, der Selbsthilfeförderung, Schutzimpfungen, Maßnahmen zur Verhütung von Zahnerkrankungen im Rahmen der Individual- und Gruppenprophylaxe sowie medizinische Vorsorgeleistungen nach ☞ §§ 20 bis 24 SGB V. Demgegenüber zielt die Sekundärprävention auf die Erfassung von gesundheitlichen Risiken und die möglichst frühzeitige Erkennung von bereits bestehenden Erkrankungen ab, um so früh wie möglich in den Entstehungsprozess einer sich abzeichnenden, behandlungsbedürftigen Erkrankung eingreifen bzw. eine bereits (latent) bestehende Erkrankung entsprechend frühzeitig behandeln zu können. Zu diesen Leistungen zählen etwa die Gesundheitsuntersuchungen für Kinder und Jugendliche nach ☞ § 26 SGB V sowie für Erwachsene nach ☞ § 25 SGB V.

2.1.2.3 *Kuration*

Die Leistungen der Krankenbehandlung (sog. Kuration) dienen nach § 27 Abs. 1 SGB V dazu, eine Krankheit zu erkennen, zu heilen, ihre Verschlimmerung zu verhüten oder Krankheitsbeschwerden zu lindern. Sie umfassen nach näherer Bestimmung der §§ 28 ff. SGB V vor allem die ärztliche bzw. zahnärztliche Behandlung (einschließlich künstlicher Befruchtung bzw. kieferorthopädischer Behandlung sowie die Versorgung mit Zahnersatz), die Versorgung mit Arznei-, Verband-, Heil- und Hilfsmitteln, die häusliche Krankenpflege sowie die Krankenhausbehandlung.

Aufgrund des Arztvorbehalts nach § 15 Abs. 1 bzw. § 28 Abs. 1 SGB V kommt der ärztlichen Behandlung nach ☞ § 28 Abs. 1 SGB V eine Schlüsselrolle zu; sie umfasst alle Tätigkeiten des Arztes, die zur Verhütung, Früherkennung und Behandlung von Krankheiten nach den Regeln der ärztlichen Kunst ausreichend und zweckmäßig sind. Dabei unterliegt die Entscheidung des Arztes, welche medizinischen Maßnahmen im Einzelfall zu Lasten der Krankenkasse ergriffen werden können, nur bedingt seinem freien Ermessen, da es zum einen der allgemeine Gleichheitssatz des Art. 3 Abs. 1 GG gebietet, dass alle gesetzlich krankenversicherte Patienten beim Eintritt des Versicherungsfalls die gleichen, bedarfsgerechten Leistungen erhalten, und zum anderen sowohl die Leistungserbringung durch den Arzt als auch die Kostenübernahme durch die Krankenkasse dem Grundsatz der Wirtschaftlichkeit nach § 12 Abs. 1 SGB V entsprechen muss. Der Arzt muss sich daher bei der Leistungserbringung an den Richtlinien des G-BA orientieren, daneben vor allem aber auch am sog. Einheitlichen Bewertungsmaßstab (EBM) nach § 87 SGB V, der einen Katalog abrechenbarer Leistungen darstellt (▶ Kap. 3.2.1.3): So können zur Umsetzung des Art. 3 Abs. 1 GG und des § 12 Abs. 1 SGB V nur diejenigen ärztlichen Maßnahmen vom Arzt zu Lasten der Krankenkasse des Patienten erbracht und abgerechnet werden, die als Positionen im EBM gelistet sind – sie gelten entsprechend als „ausreichend und zweckmäßig" i. S. d. § 28 Abs. 1 Satz 1 SGB V.

Die Versorgung der Patienten mit Arznei- und Verbandmitteln erfolgt auf Grundlage des ☞ § 31 SGB V, wobei beide Begriffe gesetzlich definiert werden. Insbesondere die Arzneimittel dürfen – ungeachtet des komplizierten Verfahrens ihres Vertriebes und ihrer Marktzulassung (hierzu insgesamt *Meier* et al. 2018) – grundsätzlich nur in Apotheken abgegeben werden; dementsprechend fallen nur diejenigen Arzneimittel in die Leistungspflicht der gesetzlichen Krankenversicherung, die tatsächlich apotheken- und auch verschreibungspflichtig sind (§ 31 Abs. 1 Satz 1 und ☞ § 34 SGB V). Versicherte, die gleichzeitig mindestens drei verordnete Arzneimittel anwenden müssen, haben zudem Anspruch auf die Erstellung und Aushändigung eines Medikationsplans in Papierform durch einen an der vertragsärztlichen Versorgung teilnehmenden Arzt (☞ § 31a SGB V).

Arzneimittel

Arzneimittel sind Stoffe, die der Heilung, Linderung oder der Verhütung von Krankheiten bzw. krankhafter Beschwerden dienen und zur Anwendung im oder am Körper bestimmt sind.

(§ 2 Abs. 1 AMG)

Verbandmittel

Verbandmittel sind Gegenstände einschließlich Fixiermaterial, deren Hauptwirkung darin besteht, oberflächengeschädigte Körperteile zu bedecken oder Körperflüssigkeiten von oberflächengeschädigten Körperteilen aufzusaugen.

(§ 31 Abs. 1a SGB V)

Als nichtärztliche therapeutische Dienstleistungen können vom Arzt ferner Heilmittel i. S. d. ☞ § 32 SGB V verordnet werden. Die Verordnung erfolgt auf Grundlage der Heilmittelrichtlinien nach ☞ § 92 Abs. 1 Satz 2 Nr. 6 und Abs. 6 SGB V. Diese Richtlinien enthalten unter anderem einen Katalog an Heilmitteln, die vom Arzt überhaupt verordnet werden dürfen (sog. Heilmittelkatalog), eine Zuordnung der verordnungsfähigen Heilmittel zu

Diagnosen bzw. Indikationen, die indikationsbezogenen Behandlungsmengen nebst der möglichen Zahl der Behandlungseinheiten je Verordnung sowie Maßgaben zum Inhalt und zum Umfang der Zusammenarbeit des verordnenden Vertragsarztes mit dem jeweiligen Heilmittelerbringer.

Heilmittel

Heilmittel sind ausschließlich nichtärztliche therapeutische Dienstleistungen, wie sie etwa die Logopädie, die Physiotherapie oder die Ergotherapie darstellen.

(*BSG* vom 28. Juni 2001 [Az. B 3 KR 3/00 R])

Von den Heilmitteln sind – bei sprachlicher Ähnlichkeit – die Hilfsmittel nach ☞ § 33 SGB V zu unterscheiden. Bei ihrer Verordnung hat der Arzt das sog. Hilfsmittelverzeichnis nach § 139 SGB V zu berücksichtigen, das – ähnlich dem Heilmittelkatalog – ein Verzeichnis verordnungsfähiger Mittel enthält, in dem bestimmten Produktgruppen einsatzbezogene Indikationen zugeordnet werden.

Hilfsmittel

Hilfsmittel sind sächliche Mittel, wie etwa Hör- und Sehhilfen, Körperersatzstücke oder orthopädische Mittel, die im Einzelfall erforderlich sind, um den Erfolg der Krankenbehandlung zu sichern, einer drohenden Behinderung vorzubeugen oder eine Behinderung auszugleichen.

(§ 33 Abs. 1 Satz 1 SGB V)

Ist für ein Hilfsmittel ein Festbetrag nach § 36 SGB V festgesetzt, übernimmt die Krankenkasse nur die Kosten bis zur Höhe des Festbetrages; wenn kein Festbetrag für das Hilfsmittel bestimmt worden ist, wird dessen Preis in den Verträgen mit den Hilfsmittelerbringern nach § 127 SGB V vereinbart. Die Krankenkassen können ihren Versicherten die erforderlichen Hilfsmittel auch leihweise überlassen und die Bewilligung davon abhängig machen, dass sich der Versicherte das verordnete Hilfsmittel anpassen oder sich in dessen Gebrauch ausbilden lässt. Wählen Versicherte Hilfsmittel oder zusätzliche Leistungen, die über das Maß des Notwendigen hinausgehen, haben sie die Mehrkosten und dadurch bedingte höhere Folgekosten selbst zu tragen (§ 33 Abs. 5 SGB V).

Ist zur Erreichung des Erfolgs der Krankenbehandlung eine ambulante Versorgung des Versicherten nicht ausreichend, kann der Arzt eine Krankenhausbehandlung nach ☞ § 39 SGB V verordnen (§ 73 Abs. 4 SGB V). Bei ihr handelt es sich um eine Komplexleistung, die insbesondere ärztliche Behandlung, Krankenpflege, die Versorgung mit Arznei-, Verband-, Heil- und Hilfsmitteln sowie Unterkunft und Verpflegung umfasst (§ 39 Abs. 1 Satz 3 SGB V); sie erfolgt regelmäßig vollstationär, kann aber auch teilstationär, vor- und nachstationär oder bei bestimmten Indikationen und Krankheitsbildern ambulant erbracht werden (☞ §§ 115a ff. SGB V). Anders als im ambulanten Sektor existiert bei der Krankenhausbehandlung kein bestimmter Katalog abrechenbarer bzw. zu erbringender Leistungen; in diesem Bereich erfolgt vielmehr eine Abrechnung nach diagnosebezogenen Fallpauschalen (▶ Kap. 3.2.2.2). Dementsprechend umfasst das Leistungsspektrum der Krankenhäuser sämtliche sog. allgemeine Krankenhausleistungen, also alle Leistungen, „die unter Berücksichtigung der Leistungsfähigkeit des Krankenhauses im Einzelfall nach Art und Schwere der Krankheit für die medizinisch zweckmäßige und ausreichende Versorgung des Patienten notwendig sind" (§ 2 Abs. 2 KHEntgG; ähnlich ☞ § 39 Abs. 1 Satz 3 SGB V); sie sind insofern von den sog. Wahlleistungen abzugrenzen, für deren Kosten die Versicherten grundsätzlich selbst aufkommen müssen (▶ Kap. 4.1.3).

Schließlich gewähren die Krankenkassen nach § 37 SGB V häusliche Krankenpflege durch zugelassene Pflegedienste als sog. Krankenhausersatzpflege, Unterstützungspflege und Behandlungssicherungspflege; bei den insofern in Betracht kommenden Maßnahmen kann es sich um die Grundpflege, die Behandlungspflege und die hauswirtschaftliche Versorgung handeln (Abb. 6). Die Grundpflege (im Recht der sozialen Pflegeversicherung begrifflich: körperbezogene Pflegemaßnahmen und pflegerische Betreuungsmaßnahmen [▶ Kap. 2.2.2.3]) umfasst dabei alle allgemeinen pflegerischen Maßnahmen nichtmedizinischer Art zur Befriedigung allgemeiner menschlicher Grundbedürfnisse, wie etwa die Körperpflege, die Ernährung oder die Mobilität, während sich die Behandlungspflege auf krankheitsspezifische Maßnahmen erstreckt, die dem Grunde nach zur ärztlichen Behandlung gehören, von Ärzten jedoch üblicherweise an Pflegekräfte delegiert werden (▶ Kap. 3.1.2.2) (z. B. Verbandwechsel oder das Injizieren von Arzneimitteln); bei der hauswirtschaftlichen Versorgung (im Recht der sozialen Pflegeversicherung begrifflich: Hilfen bei der Haushaltsführung [▶ Kap. 2.2.2.3]) geht es um Maßnahmen, die zur Aufrechterhaltung der grundlegenden Anforderungen einer eigenständigen Haushaltsführung allgemein notwendig und dabei auf die Person des Versicherten bezogen sind (z. B. das Reinigen der Wäsche oder die Zubereitung von Mahlzeiten).

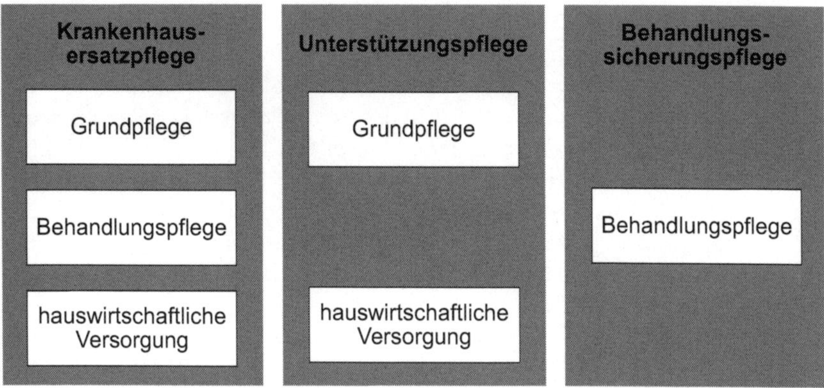

Abb. 6: Arten und Maßnahmen der häuslichen Krankenpflege nach § 37 SGB V

Die Krankenhausersatzpflege nach ☞ § 37 Abs. 1 SGB V wird im häuslichen Bereich des Versicherten erbracht, wenn eine Krankenhausbehandlung nach § 39 SGB V zwar indiziert, sie aber nicht ausführbar ist, oder wenn sie durch die häusliche Krankenpflege vermieden oder verkürzt werden kann. Da sie mithin die Krankenhausbehandlung als Komplexleistung ersetzen soll, umfasst die häusliche Krankenpflege in der Form der Krankenhausersatzpflege entsprechend breite Maßnahmen, also sowohl die im Einzelfall erforderliche Grund- und Behandlungspflege sowie die hauswirtschaftliche Versorgung. Der Anspruch besteht bis zu vier Wochen je Krankheitsfall; in begründeten Ausnahmefällen kann die Krankenkasse die häusliche Krankenpflege auch für einen längeren Zeitraum bewilligen.

Unterstützungspflege nach ☞ § 37 Abs. 1a SGB V ist möglich, wenn der Versicherte aufgrund einer schweren Krankheit oder wegen der akuten Verschlimmerung einer Krankheit (insbesondere nach einer Krankenhausbehandlung) vorübergehend Unterstützung benötigt und (noch) keine Pflegebedürftigkeit im Sinne der sozialen Pflegeversicherung vorliegt bzw. diese noch nicht attestiert worden ist (▶ Kap. 2.2.1.2). Da die Pflegekasse hier dem Grunde nach körperbezogene Pflegemaßnahmen bzw. pflegerische Betreuungsmaßnahmen und Hilfen bei der Haushaltsführung erbringen würde (☞ § 36 Abs. 1 SGB XI [▶ Kap. 2.2.2.3]), umfasst die Unterstützungspflege entsprechend die Grundpflege sowie die hauswirtschaftliche Versorgung. Sie kann ebenfalls für vier Wochen im Krankheitsfall und nur im Ausnahmefall für einen längeren Zeitraum erbracht werden. Darüber hinaus ist sie mit der Behandlungssicherungspflege nach § 37 Abs. 2 SGB V kombinierbar.

Diese Behandlungssicherungspflege ist als häusliche Krankenpflege nach ☞ § 37 Abs. 2 SGB V angezeigt, wenn sie zur Sicherung des Ziels der ärztlichen Behandlung erforderlich ist. Da es sich also um eine primär medizinische Maßnahme handelt, besteht im Rahmen der Behandlungssicherungspflege nur Anspruch auf Maßnahmen der Behandlungspflege. Die Krankenkassen können in ihren Satzungen jedoch bestimmen, dass als häusliche Krankenpflege zusätzlich zur Behandlungspflege auch Grundpflege und hauswirtschaftliche Versorgung erbracht wird; dabei können Dauer und Umfang der Grundpflege und der hauswirtschaftlichen Versorgung ebenfalls durch die Satzung bestimmt werden.

Insgesamt kann die häusliche Krankenpflege – unabhängig von ihrer Art – nur dann erbracht werden, wenn und soweit der Versicherte die erforderlichen Maßnahmen nicht selbst durchführen oder eine in seinem Haushalt lebende Person ihn nicht in dem erforderlichen Umfang pflegen bzw. versorgen kann (§ 37 Abs. 3 SGB V). Sofern die im Haushalt des Versicherten lebende Person Teilbereiche der häuslichen Krankenpflege durchführen kann, besteht nur ein entsprechender Teilanspruch auf häusliche Krankenpflege.

Als letzte Leistung im Bereich der Kuration ist die sog. Soziotherapie nach ☞ § 37a SGB V zu nennen. Auf sie haben Versicherte Anspruch, die wegen einer schweren psychischen Erkrankung nicht in der Lage sind, ärztliche oder ärztlich verordnete Leistungen selbständig in Anspruch zu nehmen, wenn dadurch eine ansonsten erforderliche Krankenhausbehandlung nach § 39 SGB V abgewendet werden kann. Die Soziotherapie umfasst die im Einzelfall erforderliche Koordinierung der verordneten Leistungen sowie die Anleitung und Motivation zu deren Inanspruchnahme und kann pro Krankheitsfall für höchstens 120 Stunden innerhalb von drei Jahren in Anspruch genommen werden. Details hat der G-BA in der sog. Soziotherapie-Richtlinie festgelegt.

2.1.2.4 Rehabilitation

Nach § 11 Abs. 2 Satz 1 SGB V haben Versicherte neben der Krankenbehandlung Anspruch auf Leistungen zur medizinischen Rehabilitation, wenn diese notwendig sind, um eine Behinderung oder eine Pflegebedürftigkeit abzuwenden, zu beseitigen, zu mindern, auszugleichen, ihre Verschlimmerung zu verhüten oder ihre Folgen zu mildern (so auch § 4 Abs. 1 Nr. 1 sowie § 43 i. V. m. § 42 Abs. 1 Nr. 1 SGB IX). Dieses Ziel soll zunächst mit den Maßnahmen der Krankenbehandlung nach §§ 27 ff. SGB V erreicht werden (▶ Kap. 2.1.2.3), also vor allem mit ärztlicher Behandlung und der Versorgung mit Arznei-, Heil- und Hilfsmitteln; eine Differenzierung zwischen Akutbehandlung und medizinischer Rehabilitation findet im Recht der gesetzlichen Krankenversicherung also auf ambulanter Ebene nicht statt. Reichen diese Maßnahmen nicht aus, erbringt die Krankenkasse aus medizinischen Gründen erforderliche teilstationäre Rehabilitationsleistungen in speziellen Rehabilitationseinrichtungen als medizinische Komplexleistung ohne Unterkunft und Verpflegung (☞ § 40 Abs. 1 SGB V). Erst wenn auch diese Leistungen nicht hinreichen, um das Ziel der Rehabilitation zu erreichen, sieht das Gesetz in ☞ § 40 Abs. 2 SGB V als dritte und letzte mögliche Versorgungsform die stationäre Rehabilitation mit Unterkunft und Verpflegung in einer zertifizierten Rehabilitationseinrichtung vor. Hinzu kommen spezielle medizinische Rehabilitationsmaßnahmen für Mütter und Väter nach § 41 SGB V, die Gewährung von Belastungserprobung und Arbeitstherapie nach § 42 SGB V sowie die Erbringung bestimmter ergänzender Leistungen zur Rehabilitation nach § 43 SGB V.

Dabei ist zu beachten, dass die Leistungen der medizinischen Rehabilitation nach § 40 Abs. 1 und 2 SGB V gemäß § 40 Abs. 4 SGB V nicht gewährt werden, wenn sie von anderen Sozialleistungsträgern erbracht werden können. In Betracht kommt insofern vor allem eine Leistungspflicht der gesetzlichen Unfallversicherung nach einem Arbeitsunfall oder bei einer Berufskrankheit (▶ Kap. 2.1.1.3), darüber hinaus aber auch eine Leistungsgewährung der gesetzlichen Rentenversicherung nach dem SGB VI (hierzu *Bieritz-Harder*, in: *Deinert/Neumann* 2009, 269 ff.).

So erbringen die Träger der gesetzlichen Rentenversicherung Leistungen zur medizinischen Rehabilitation nach ☞ § 15 SGB VI i. V. m. ☞ §§ 42 bis 47 SGB IX, um den negativen Auswirkungen einer Krankheit oder einer Behinderung auf die Erwerbsfähigkeit der Versicherten vorzubeugen, entgegenzuwirken oder sie zu überwinden und dadurch Beeinträchtigungen der Erwerbsfähigkeit der Versicherten oder ihr vorzeitiges Ausscheiden aus dem Erwerbsleben zu verhindern bzw. sie möglichst dauerhaft wieder in das Erwerbsleben einzugliedern. Diese Leistungen haben Vorrang vor Rentenleistungen, die bei einer erfolgreichen Rehabilitation nicht oder voraussichtlich erst zu einem späteren Zeitpunkt zu erbringen sind; sie dienen daher in erster Linie der Vermeidung der Zahlung von Erwerbsminderungsrenten nach ☞ § 43 SGB VI (☞ § 9 Abs. 1 SGB VI) („Reha vor Rente!"). Voraussetzung ist, dass der Versicherte sowohl die persönlichen als auch die versicherungsrechtlichen Voraussetzungen für entsprechende Rehabilitationsmaßnahmen der gesetzlichen Rentenversicherung erfüllt (§ 9 Abs. 2 SGB VI). Bei der Prüfung der persönlichen Voraussetzungen nach ☞ § 10 SGB VI ist zwischen der Diagnose, also dem bestehenden gesundheitlichen Zustand des Versicherten, und der Prognose über die zu erwartenden Erfolgsaussichten der dem Grunde nach erforderlichen Rehabilitationsmaßnahme zu unterscheiden. So haben grundsätzlich diejenigen Versicherten die persönlichen Voraussetzungen erfüllt, deren Erwerbsfähigkeit wegen Krankheit oder einer körperlichen, geistigen oder seelischen Behinderung erheblich gefährdet oder gemindert ist (Diagnose) und bei denen die Erwerbsfähigkeit durch entsprechende Rehabilitationsmaßnahmen zumindest wesentlich gebessert oder gar wiederhergestellt werden kann (Prognose). Die versicherungsrechtlichen Voraussetzungen nach ☞ § 11 SGB VI werden durch das Zurücklegen bestimmter Vorversicherungszeiten in der gesetzlichen Rentenversicherung erfüllt; in der rentenversicherungsrechtlichen Praxis geht es hier am häufigsten um das Vorliegen von sechs Kalendermonaten mit Pflichtbeiträgen für eine versicherte Beschäftigung innerhalb der letzten zwei Jahre vor der Beantragung der medizinischen Rehabilitationsmaßnahme.

Im Ergebnis bedeutet das, dass für die medizinische Rehabilitation von Beschäftigten, die den größten Personenkreis der gesetzlich Krankenversicherten ausmachen, häufig die gesetzliche Rentenversicherung zuständig ist, während entsprechende Maßnahmen für Rentner regelmäßig von der gesetzlichen Krankenversicherung übernommen werden. Bei Studierenden hängt die Zuständigkeit oftmals von den versicherungsrechtlichen Voraussetzungen nach § 11 SGB VI ab.

2.1.2.5 Palliativ- und Hospizversorgung

Die palliative Versorgung der Versicherten mit Maßnahmen der Schmerztherapie und der Systemkontrolle findet sich im Leistungskatalog der gesetzlichen Krankenversicherung an mehreren Stellen. So legt zunächst ☞ § 37 Abs. 2b SGB V fest, dass die häusliche Krankenpflege als Krankenhausersatz- und Behandlungssicherungspflege (▶ Kap. 2.1.2.3) auch die ambulante Palliativversorgung umfasst. Weitere (originäre) Leistungen dieses Versorgungsbereichs finden sich darüber hinaus vor allem in der spezialisierten ambulanten Palliativversorgung nach § 37b SGB V und bei den Hospizleistungen nach § 39a SGB V; hinzu kommt die Palliativ- und Hospizberatung durch die Krankenkassen nach § 39b SGB V.

Die spezialisierte ambulante Palliativversorgung nach ☞ § 37b SGB V umfasst ärztliche und pflegerische Leistungen einschließlich ihrer Koordination insbesondere zur Schmerztherapie und Symptomkontrolle und zielt darauf ab, die Betreuung der Versicherten in der vertrauten Umgebung zu ermöglichen, die an einer nicht heilbaren und weit fortgeschrittenen Erkrankung bei einer zugleich begrenzten Lebenserwartung leiden und daher eine besonders aufwendige Versorgung benötigen. Versicherte in stationären Hospizen haben einen Anspruch auf die Teilleistung der erforderlichen ärztlichen Versorgung.

§ 39a SGB V statuiert darüber hinaus einen Anspruch der Versicherten auf bestimmte Hospizleistungen, die unheilbar Kranken in ihrer letzten Lebensphase ein menschenwürdiges Leben bis zum Tod ermöglichen sollen. Nach ☞ § 39a Abs. 1 SGB V erhalten Versicherte, die keiner Krankenhausbehandlung (mehr) bedürfen, einen Zuschuss zu stationärer oder teilstationärer Versorgung in Hospizen, in denen palliativ-medizinische Behandlung erbracht wird, wenn eine ambulante Versorgung – etwa im Rahmen der spezialisierten ambulanten Palliativversorgung nach § 37b SGB V – nicht erbracht werden kann. Bei diesem Zuschuss handelt es sich um eine Geldleistung der Krankenkasse, mit der sie sich an den anfallenden Tagespauschalen des Hospizes beteiligt, die die Versicherten bzw. ihre Angehörigen grundsätzlich aus eigenen Mitteln aufbringen müssen (sog. individuelle Hospizförderung). Nutzen Versicherte, die keiner Krankenhausbehandlung und keiner stationären oder teilstationären Versorgung in einem Hospiz bedürfen, die Dienstleistung eines ambulanten Hospizdienstes, der qualifizierte ehrenamtliche Sterbebegleitung in deren Haushalt, in der Familie, in einer stationären Pflegeeinrichtung oder in einem Krankenhaus erbringt, ist dies für die Betroffenen bzw. deren Angehörige häufig kostenlos; die Krankenkassen müssen entsprechende Hospizdienste beim Vorliegen bestimmter Qualitätsstandards jedoch nach ☞ § 39a Abs. 2 SGB V durch angemessene Zuschüsse zu deren notwendigen Personal- und Sachkosten fördern (sog. institutionelle Hospizförderung).

2.1.2.6 Pflege

Neben den unterschiedlichen Maßnahmen der häuslichen Krankenpflege nach § 37 SGB V, die sowohl gesetzessystematisch als auch nach ihrem Versorgungsumfang primär der Krankenbehandlung zuzuordnen sind (▶ Kap. 2.1.2.3), gewähren die Krankenkassen auch Kurzzeitpflege bei fehlender Pflegebedürftigkeit (☞ § 39c SGB V). Es handelt sich hierbei um eine Leistung, die erst 2016 in den Leistungskatalog der gesetzlichen Krankenversicherung aufgenommen worden ist und die – ähnlich wie die Unterstützungspflege nach § 37 Abs. 1a SGB V – eine Art Bindeglied zu den Leistungen der sozialen Pflegeversicherung darstellen soll, um bis dato bestehende Versorgungslücken zwischen der Zuständigkeit der gesetzlichen Kranken- und der sozialen Pflegeversicherung zu schließen (vgl. *Richter* 2017, Rdnr. 302 ff.).

Danach erbringt die Krankenkasse vollstationäre Kurzzeitpflege in entsprechender Anwendung des ☞ § 42 SGB XI (▶ Kap. 2.2.2.4), wenn die Leistungen der Unterstützungspflege nach § 37 Abs. 1a SGB V nicht ausreichen, um den (vorübergehenden) Bedarf an pflegerischer Versorgung des Versicherten zu decken, und bei ihm (noch) keine die Leistungspflicht der sozialen Pflegeversicherung auslösende Pflegebedürftigkeit i. S. d. § 14 SGB XI festgestellt worden ist (▶ Kap. 2.3.1). Gemäß § 42 Abs. 2 Satz 1 SGB XI beträgt der Anspruch maximal acht Wochen im Kalenderjahr; erstattet werden nach § 42 Abs. 2 Satz 2 SGB XI höchstens 1.612,– €.

2.1.2.7 Sonstige Leistungen

Auch wenn eine Schwangerschaft dem Grunde nach keine Krankheit im Sinne der Definition des Bundessozialgerichts ist (▶ Kap. 2.1.1.2), erbringt die gesetzliche Krankenversicherung auch Leistungen bei Schwangerschaft und Mutterschaft (☞ §§ 24c bis 24i SGB V). Es handelt sich hierbei um ärztliche Betreuung und Hebammenhilfe, die Gewährung von Leistungen zur Entbindung, häusliche Pflege, Haushaltshilfe als akzessorische Nebenleistung sowie Mutterschaftsgeld als Entgeltersatzleistung während der Schutzfristen nach ☞ § 3 MuSchG (hierzu etwa *Kießling* 2017). Eine Besonderheit dieses Leistungsbereichs ist, dass die ansonsten fälligen Zuzahlungen der Versicherten (▶ Kap. 2.1.2.1) hier nicht erhoben werden.

Als (weitere) Leistungen zur Familienplanung gewähren die Krankenkassen zudem die Verordnung von empfängnisregelnden Mitteln sowie die Versorgung mit entsprechenden verschreibungspflichtigen Präparaten bis zum vollendeten 20. Lebensjahr (☞ § 24a SGB V) und bestimmte Leistungen bei einer durch Krankheit erforderlichen Sterilisation und bei einem nicht rechtswidrigen Schwangerschaftsabbruch durch einen Arzt (☞ § 24b SGB V). Die Leistungen zur künstlichen Befruchtung nach ☞ § 27a SGB V sind gesetzessystematisch den Maßnahmen der Krankenbehandlung zuzuordnen, obwohl der Anspruch auf sie auch dann besteht, wenn die ungewollte Kinderlosigkeit keine Krankheitsursache hat (vgl. hierzu *Nebendahl*, in: *Spickhoff* 2018, § 27a SGB V Rdnr. 1).

Das Krankengeld nach §§ 44 ff. SGB V fungiert als sog. Entgeltersatzleistung. Es wird nach ☞ § 44 Abs. 1 SGB V an Versicherte gezahlt, die infolge einer Krankheit arbeitsunfähig sind oder die auf Kosten der Krankenkasse stationär in einem Krankenhaus, einer Vorsorge- oder einer Rehabilitationseinrichtung behandelt werden. Es wird grundsätzlich für maximal 78 Wochen je Krankheitsfall gezahlt (☞ § 48 SGB V) und beträgt in aller Regel 90 % des vor der Arbeitsunfähigkeit zuletzt erzielten regelmäßigen Nettoarbeitsentgelts (☞ § 47 SGB V).

> **Arbeitsunfähigkeit**
>
> *Arbeitsunfähigkeit liegt vor, wenn Versicherte auf Grund von Krankheit ihre zuletzt vor der Arbeitsunfähigkeit ausgeübte Tätigkeit nicht mehr oder nur unter der Gefahr der Verschlimmerung der Erkrankung ausführen können. Bei der Beurteilung ist darauf abzustellen, welche Bedingungen die bisherige Tätigkeit konkret geprägt haben.*
>
> (§ 1 Abs. 1 Satz 1 und 2 Arbeitsunfähigkeits-Richtlinie)

Dem Charakter des Krankengeldes als Entgeltersatzleistung entspricht es, dass der Anspruch darauf ruht, soweit und solange der Versicherte beitragspflichtiges Arbeitsentgelt erhält (§ 49 Abs. 1 Nr. 1 SGB V). Der Anspruch auf eine Fortzahlung des Arbeitsentgelts richtet sich dabei nach den einschlägigen arbeitsrechtlichen Vorschriften (§ 44 Abs. 3 SGB V); relevant ist hier vor allem ☞ § 3 EFZG. Danach besteht ein Anspruch auf Entgeltfortzahlung im Krankheitsfall für insgesamt maximal 42 Tage für die ursächlich selbe Erkrankung, so dass Vorerkrankungen auf die Gesamtdauer der Entgeltfortzahlung grundsätzlich anzurechnen sind. Eine Ausnahme besteht nur dann, wenn der Arbeitnehmer vor einer erneuten Arbeitsunfähigkeit wegen derselben Krankheit mindestens sechs Monate nicht infolge dieser Erkrankung arbeitsunfähig war (rückwärtsverlaufende 6-Monats-Frist) oder aber seit dem Beginn des erstmaligen Auftretens einer Arbeitsunfähigkeit infolge derselben Krankheit eine Frist von zwölf Monaten vergangen ist (vorwärtsverlaufende 12-Monats-Frist). Trifft eine dieser beiden Ausnahmen zu, hat der Arbeitnehmer trotz einer Vorerkrankung wegen derselben Grunderkrankung einen neuen Anspruch auf Entgeltfortzahlung für wiederum 42 Tage (Abb. 7) (hierzu etwa *BMAS* 2019a, 124 ff.).

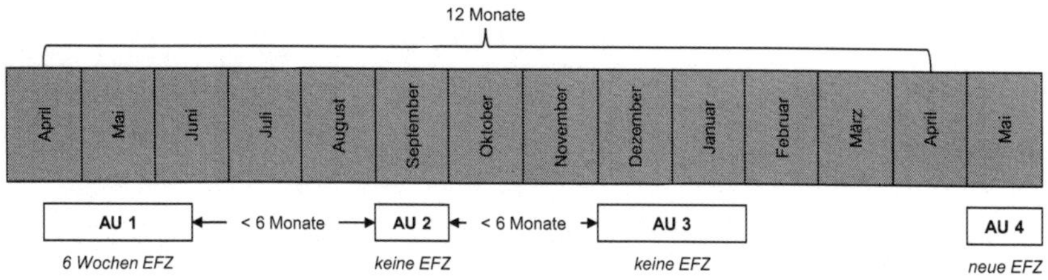

Abb. 7: Entgeltfortzahlung im Krankheitsfall nach § 3 EFZG

2.1.2.8 Akzessorische Nebenleistungen

Bei den sog. akzessorischen Nebenleistungen der gesetzlichen Krankenversicherung handelt es sich um Leistungen, die ausschließlich im Zusammenhang mit einer (anderen) Hauptleistung und insofern nicht eigenständig erbracht werden können. Zu den wichtigsten akzessorischen Nebenleistungen gehören die Haushaltshilfe nach § 38 SGB V und die Fahrkosten nach § 60 SGB V.

Nach ☞ § 38 Abs. 1 SGB V kann Haushaltshilfe als akzessorische Leistung neben einer Krankenhausbehandlung, einer ambulanten oder stationären Vorsorgeleistung bzw. Rehabilitationsmaßnahme und neben häuslicher Krankenpflege erbracht werden; Grundvoraussetzung des Anspruchs ist also das Vorliegen bzw. das Drohen einer Erkrankung und eine daraus resultierende Behandlungsleistung nach §§ 39, 23 f., 40 f. oder 37 SGB V. Dabei muss die gewährte Hauptleistung kausal dafür sein, dass dem Versicherten die Weiterführung seines Haushalts nicht (mehr) möglich ist; hat er ihn bisher nicht selbst geführt, ist der Anspruch auf Haushaltshilfe ausgeschlossen. Hinzu kommt, dass es einen tatsächlichen Bedarf an der Weiterführung der Haushaltsführung geben muss. Aus diesem Grund kann eine Haushaltshilfe nur dann erbracht werden, wenn in dem Haushalt ein Kind lebt, das jünger als zwölf Jahre oder behindert und auf Hilfe angewiesen ist (§ 38 Abs. 1 Satz 2 SGB V), und der Haushalt nicht durch eine weitere im Haushalt lebende Person weitergeführt werden kann (§ 38 Abs. 3 SGB V). Die Haushaltshilfe umfasst alle zur Weiterführung des Haushalts erforderlichen Dienstleistungen (also etwa die Betreuung des Kindes, die Erledigung von Einkäufen oder das Reinigen der Wohnräume), kann als Dienst- oder Geldleistung gewährt werden (☞ § 38 Abs. 4 SGB V) und wird für die gesamte Dauer der ihr zugrunde liegenden Hauptleistung erbracht.

Eine Haushaltshilfe erhalten Versicherte darüber hinaus auch unter den gleichen Voraussetzungen, nach denen die Krankenkasse Unterstützungspflege gemäß ☞ § 37 Abs. 1a SGB V erbringen kann (▶ Kap. 2.1.2.3), so dass beide Leistungen miteinander kombiniert werden können, wenn einem Versicherten aus einem der dort genannten Gründe die Weiterführung seines Haushalts unmöglich ist. Der Anspruch besteht in diesem Fall ebenfalls für eine Dauer von maximal vier Wochen; lebt im Haushalt ein Kind, das zu Beginn der Haushaltshilfe das zwölfte Lebensjahr noch nicht vollendet hat oder das behindert und auf Hilfe angewiesen ist, verlängert sich der Anspruch auf längstens 26 Wochen (☞ § 38 Abs. 1 Satz 3 bis 5 SGB V).

Als weitere akzessorische Nebenleistung ist die Übernahme von Fahrt- und Transportkosten nach ☞ § 60 SGB V zu nennen, die im Zusammenhang mit einer Leistung der Krankenkasse aus zwingenden medizinischen Gründen anfallen. So erstattet die Kasse die notwendigen Fahrt- und Transportkosten

- bei Leistungen, die stationär erbracht werden,
- bei Rettungsfahrten zum Krankenhaus (unabhängig davon, ob letztendlich eine stationäre Behandlung erforderlich ist),
- bei Krankentransporten, also Fahrten von Versicherten, die während der Fahrt einer fachlichen Betreuung oder der besonderen Einrichtungen eines Krankenkraftwagens bedürfen und
- bei Fahrten von Versicherten zu einer ambulanten Krankenbehandlung, zu einer vor- oder nachstationären Behandlung im Krankenhaus oder zu einer ambulanten Operation im Krankenhaus, wenn dadurch eine an sich gebotene vollstationäre oder teilstationäre Krankenhausbehandlung vermieden bzw. verkürzt werden kann.

Im Zusammenhang mit einer ambulanten Behandlung werden Fahrkosten nur in besonderen Ausnahmefällen erstattet, die der G-BA in der sog. Krankentransport-Richtlinie festgelegt hat. Voraussetzung ist danach, dass der Patient mit einem durch eine Grunderkrankung vorgegebenen Therapieschema behandelt wird, das eine hohe Behandlungsfrequenz über einen längeren Zeitraum aufweist, und dass diese Behandlung bzw. der Krankheitsverlauf den Patienten derart beeinträchtigt, dass eine Beförderung zur Vermeidung von schwerwiegenden Gesundheitsbeeinträchtigungen unerlässlich ist; dies ist bspw. bei einer Dialysebehandlung oder einer onkologischen Strahlentherapie der Fall. Darüber hinaus können Fahrkosten bei einer ambulanten Behandlung übernommen werden, wenn der Versicherte bspw. schwer- und außergewöhnlich gehbehindert i. S. d. § 2 Abs. 2 und § 229 Abs. 3 SGB IX ist oder er nach § 15 SGB XI eine Einstufung in den Pflegegrad 3 oder höher (beim Pflegegrad 3 zusätzlich mit einer dauerhaften Beeinträchtigung der Mobilität) erhalten hat (▶ Kap. 2.2.1.2).

Welches Fahrzeug dabei im Einzelfall genutzt werden kann, richtet sich allein nach der medizinischen Notwendigkeit (§ 60 Abs. 1 Satz 2 SGB V). Die insofern erstattungsfähigen Kosten ergeben sich aus § 60 Abs. 3 SGB V. Im Zusammenhang mit den Leistungen zur medizinischen Rehabilitation (▶ Kap. 2.1.2.4) werden neben den reinen Fahrkosten auch darüber hinausgehende Reisekosten nach den Maßgaben des § 73 Abs. 1 bis 3 SGB IX übernommen.

2.1.3 Organisation und Finanzierung

2.1.3.1 Organisation

Träger der gesetzlichen Krankenversicherung sind die Krankenkassen (vor allem Allgemeine Orts-, Betriebs- und Innungskrankenkassen sowie Ersatzkassen) (§§ 143 ff. SGB V), welche sich als Körperschaften des öffentlichen

Rechts weitgehend selbst verwalten (§ 29 SGB IV). Bei den Selbstverwaltungsorganen handelt es sich um den Verwaltungsrat und den hauptamtlichen Vorstand (§ 31 Abs. 3a SGB IV). Der Verwaltungsrat wird zu gleichen Teilen von Vertretern der Mitglieder der Kasse und deren Arbeitgeber gewählt und ist das oberste Beschlussgremium der Krankenkasse; ihm obliegt bspw. die Verabschiedung der Satzung und sonstigen autonomen Rechts der Kasse (§ 33 SGB IV). Beim Vorstand handelt es sich um das oberste operative Organ der Kasse; er verwaltet sie im Innenverhältnis und vertritt sie gerichtlich und außergerichtlich (§ 35a SGB V). Zwischen den einzelnen Krankenkassen können die Mitglieder weitgehend frei wählen (§§ 173 bis 175 SGB V).

2.1.3.2 Finanzierung

Die Finanzierung der Leistungen erfolgt in erster Linie durch die Erhebung einkommensabhängiger Beiträge (☞ § 220 SGB V) mit einem allgemeinen Beitragssatz von 14,6 % (☞ § 241 SGB V); die Familienversicherung nach § 10 SGB V ist kostenlos. Bei den Beschäftigten wird der Beitragssatz vom Arbeitsentgelt aus der versicherungspflichtigen Beschäftigung erhoben (☞ § 226 SGB V), wobei eine jährlich anzupassende Beitragsbemessungsgrenze gilt (4.687,50 €/Monat im Jahr 2020) (☞ § 223 Abs. 3 SGB V). Der so errechnete Beitrag wird bei diesem quantitativ bedeutendsten versicherten Personenkreis der gesetzlichen Krankenversicherung zu gleichen Teilen vom Arbeitgeber und vom Arbeitnehmer getragen bzw. aufgebracht (☞ § 249 SGB V). Jeweils spezifische Besonderheiten ergeben sich bei der Beitragspflicht bzw. -zahlung der weiteren versicherten Personenkreise, wie etwa der Rentner nach § 5 Abs. 1 Nr. 11 SGB V, der Bezieher von Arbeitslosengeld nach § 5 Abs. 1 Nr. 2 und 2a SGB V oder der Studierenden nach § 5 Abs. 1 Nr. 9 SGB V. So beträgt bspw. der Beitrag für die Mitglieder in der Krankenversicherung der Studierenden einheitlich 76,04 € pro Monat (ab Wintersemester 2019/2020), die allein von den Studierenden aufzubringen sind (☞ §§ 236, 245 und 250 SGB V).

Ein vom Bundesversicherungsamt organisierter Gesundheitsfonds soll dabei einen gewissen Ausgleich der Einkommensunterschiede zwischen den Mitgliedern der einzelnen Krankenkassen bewirken; zudem wird über diesen Fonds ein sog. morbiditätsorientierter Risikostrukturausgleich durchgeführt, der Unterschiede in den Versichertenstrukturen der einzelnen Kassen hinsichtlich der Kriterien *Alter*, *Geschlecht* und *Morbidität* berücksichtigt (Abb. 8). Sollte der Finanzierungsbedarf einer Krankenkasse durch die Zuweisungen aus dem Gesundheitsfonds nicht gedeckt werden, kann die Krankenkasse einen einkommensabhängigen Zusatzbeitrag erheben, der ebenfalls zu gleichen Teilen von Arbeitgebern und Arbeitgebern getragen wird (☞ § 242 SGB V).

Im Rahmen des morbiditätsorientierten Risikostrukturausgleichs wird zunächst versicherungsmathematisch eine sog. Grundpauschale berechnet, die die durchschnittlichen Pro-Kopf-Ausgaben eines Versicherten in der gesetzlichen Krankenversicherung abbildet; diese beträgt rund 274,72 € monatlich (Jahr 2020). Bei dieser Grundpauschale werden für jeden Versicherten in Abhängigkeit seines Geschlechts, seines Alters und seines Gesundheitszustandes bestimmte Zu- und Abschläge berücksichtigt, so dass der Zahlbetrag aus dem Gesundheitsfonds für jeden Versicherten einer Krankenkasse individuell angepasst wird (Abb. 9). Beachtung finden dabei insgesamt 40 Alters- und Geschlechts-Gruppen sowie 204 Morbiditäts-Gruppen. Details des morbiditätsorientierten Risikostrukturausgleichs werden dabei vor allem in der *Risikostruktur-Ausgleichsverordnung* (RSAV) geregelt.

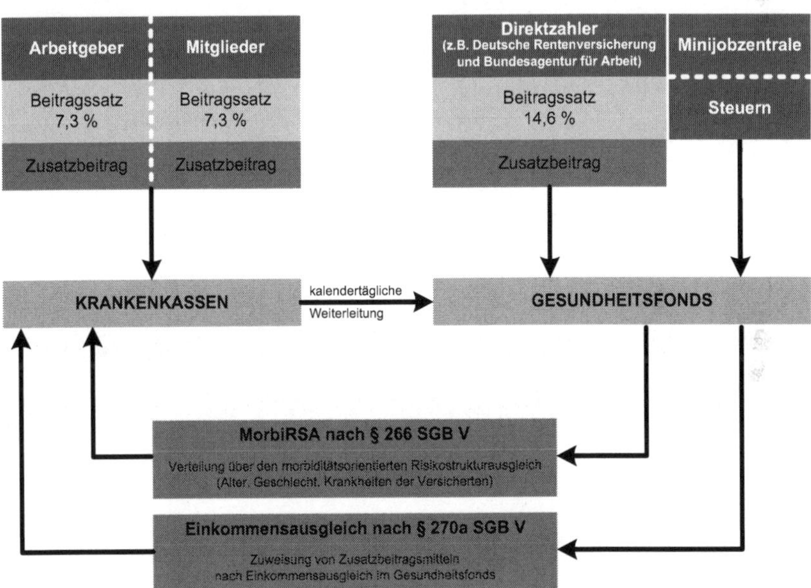

Abb. 8: Gesundheitsfonds

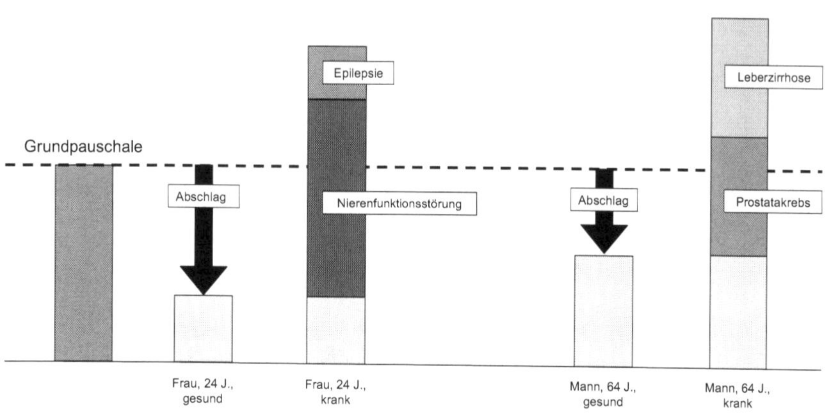

Abb. 9: Grundpauschale mit Zu- und Abschlägen im System des Risikostrukturausgleichs

2.2 Soziale Pflegeversicherung

BMAS [Bundesministerium für Arbeit und Soziales] (Hrsg.): Übersicht über das Sozialrecht, Nürnberg 16. Aufl. 2019 | *Fasselt*, Ursula und *Schellhorn*, Helmut (Hrsg.): Handbuch Sozialrechtsberatung, Baden-Baden 5. Aufl. 2017 | *Griep*, Heinrich und *Renn*, Heribert: Pflegesozialrecht, Baden-Baden 6. Aufl. 2017 | *Janda*, Constanze: Pflegerecht, Baden-Baden 2019 | *Kostorz*, Peter: Abkehr von der Minutenpflege. Das PSG II bringt einen neuen Pflegebedürftigkeitsbegriff und ein neues Begutachtungsverfahren, in: Pflegezeitschrift 2016, 282–287 | *Richter*, Ronald: Die neue soziale Pflegeversicherung – PSG I, II und III. Pflegebegriff, Vergütungen, Potenziale, Baden-Baden 2. Aufl. 2017.

Die soziale Pflegeversicherung wurde erst im Jahre 1995 und damit über 100 Jahre nach der gesetzlichen Krankenversicherung eingeführt. Sie sollte vor allem die sozialpolitisch fragwürdige, künstliche Trennung zwischen der Behandlungsbedürftigkeit einer Krankheit und dem Hilfebedarf bei Pflegebedürftigkeit aufheben sowie die daraus resultierenden Probleme bei der Patientenversorgung und der Finanzierung entsprechender Leistungen lösen. Während nämlich im Falle einer behandlungsbedürftigen Erkrankung die jeweils zuständige Krankenkasse für die anfallenden Kosten aufkam, mussten Pflegebedürftige ihren Pflegebedarf grundsätzlich selber decken; reichte das eigene Einkommen und Vermögen nicht (mehr) aus, trat die Sozialhilfe nach dem Prinzip der Subsidiarität mit staatlichen Transferleistungen ein (*Kostorz/Kernebeck* 2015, 35). Dementsprechend wurde die soziale Pflegeversicherung organisatorisch der gesetzlichen Krankenversicherung angegliedert, weshalb sich auch die versicherten Personenkreise dieser beiden Sozialversicherungszweige decken. Anders als in der gesetzlichen Krankenversicherung haben die Versicherten in der sozialen Pflegeversicherung allerdings nur dann einen Anspruch auf Leistungen, wenn sie eine bestimmte Vorversicherungszeit erfüllt haben (▶ Kap. 2.2.1.1).

Als leistungsauslösenden Versicherungsfall bestimmt das Gesetz die Pflegebedürftigkeit eines Versicherten; die von den Pflegekassen zu erbringenden Leistungen sind abhängig von deren Grad, der im Rahmen eines Begutachtungsassessments vom *Medizinischen Dienst der Krankenversicherung* (MDK) erhoben wird (▶ Kap. 2.2.1.2). Bei den Leistungen ist vor allem zwischen den sog. Basisleistungen für Pflegebedürftige mit dem Pflegegrad 1 und den Leistungen der häuslichen, der teil- sowie der vollstationären Pflege für Pflegebedürftige mit dem Pflegegrad 2 oder höher zu unterscheiden (▶ Kap. 2.2.2), wobei auch die Leistungen der sozialen Pflegeversicherung einem Wirtschaftlichkeitsgebot unterliegen (§ 29 SGB X). Im Unterschied zur gesetzlichen Krankenversicherung sind sie allerdings in den seltensten Fällen bedarfsdeckend, so dass Pflegebedürftige üblicherweise einen Teil der Pflegeaufwendungen (nach wie vor) selber übernehmen müssen, wobei (nur) im Falle der Bedürftigkeit der Träger der Sozialhilfe subsidiär einspringt (▶ Kap. 2.2.2.6) – bei der sozialen Pflegeversicherung handelt es sich mithin nur um eine Art Teilkaskoversicherung (*Kostorz/Kernebeck* 2015, 36). Finanziert werden die Leistungen der sozialen Pflegeversicherung ebenfalls durch Beiträge ihrer Mitglieder und (bei Beschäftigten) ihrer Arbeitgeber (▶ Kap. 2.2.3).

2.2.1 Anspruchsberechtigter Personenkreis

2.2.1.1 Versicherter Personenkreis

Wie auch in der gesetzlichen Krankenversicherung setzt die Leistungsgewährung in der sozialen Pflegeversicherung zunächst ein bestehendes Versicherungsverhältnis voraus. Nach dem Grundsatz „Pflegeversicherung folgt Krankenversicherung“ sind alle Versicherten der gesetzlichen Krankenversicherung zugleich in der sozialen Pflegeversicherung versichert (▶ Kap. 2.1.1.1); zu unterscheiden ist also auch hier zwischen Pflichtmitgliedern, freiwilligen Mitgliedern (☞ § 20 Abs. 1 bzw. 3 SGB XI) und beitragsfrei mitversicherten Familienangehörigen (☞ § 25 SGB XI).

Zusätzliche Leistungsvoraussetzung ist das Erfüllen einer Vorversicherungszeit. Danach besteht beim Eintritt des Versicherungsfalls (▶ Kap. 2.2.1.2) ein Anspruch auf Leistungen nur dann, wenn der Versicherte in den letzten zehn Jahren vor einer Antragstellung mindestens zwei Jahre als Mitglied oder in der Familienversicherung versichert war; für versicherte Kinder gilt diese Voraussetzung als erfüllt, wenn ein Elternteil sie erfüllt (☞ § 33 Abs. 2 SGB XI). Zeiten einer privaten Pflegeversicherung können unter bestimmten Voraussetzungen auf die Vorversicherungszeit angerechnet werden (☞ § 33 Abs. 3 SGB XI). Begründet hat der Gesetzgeber die Einführung der Vorversicherungszeit damit, dass keine Überforderung der Solidargemeinschaft der sozialen Pflegeversicherung durch Leistungsansprüche eintreten soll, die ohne eine vorherige Beitragszahlung geltend gemacht werden (*Ebach*, in: *Berchtold* et al. 2018, § 33 SGB XI Rdnr. 8).

2.2.1.2 Versicherungsfall

Der leistungsauslösende Versicherungsfall der Pflegebedürftigkeit ist in § 14 Abs. 1 SGB XI legaldefiniert. Im Zuge der *Pflegestärkungsgesetze* wurde der Begriff 2017 neu gefasst und aktuellen pflegewissenschaftlichen Erkenntnissen angepasst (vgl. *Kostorz* 2016, 282).

> **Pflegebedürftigkeit**
>
> *Pflegebedürftig sind Personen, die gesundheitlich bedingte Beeinträchtigungen der Selbständigkeit oder der Fähigkeiten aufweisen und deshalb der Hilfe durch andere bedürfen, wobei sie außerstande sein müssen, die körperlichen, kognitiven oder psychischen Beeinträchtigungen oder gesundheitlich bedingte Belastungen oder Anforderungen selbständig zu kompensieren oder zu bewältigen. Die Pflegebedürftigkeit muss auf Dauer, voraussichtlich für mindestens sechs Monate bestehen.*
>
> (§ 14 Abs. 1 SGB XI)

Dabei erfolgt die Feststellung der Pflegebedürftigkeit ebenso wie die Einstufung in einen die Schwere der Beeinträchtigungen widerspiegelnden Pflegegrad nach den sog. *Begutachtungs-Richtlinien* durch den MDK (☞ §§ 15 und 18 SGB XI). Das Procedere der Pflegebegutachtung umfasst nach dem sog. Neuen Begutachtungsassessment (NBA) drei Schritte (Abb. 10) (hierzu *Kostorz* 2016 oder *Richter* 2017, Rdnr. 105 ff.). Im Zusammenhang mit der Pflegebegutachtung wird darüber hinaus der Grad der Selbständigkeit und der Fähigkeiten in den Bereichen der außerhäuslichen Aktivitäten und der Haushaltsführung erfasst; die dabei gewonnenen Erkenntnisse fließen zwar nicht in die Berechnung des Pflegegrades mit ein, sind aber gleichwohl für die Organisation der Versorgung des Pflegebedürftigen von Bedeutung.

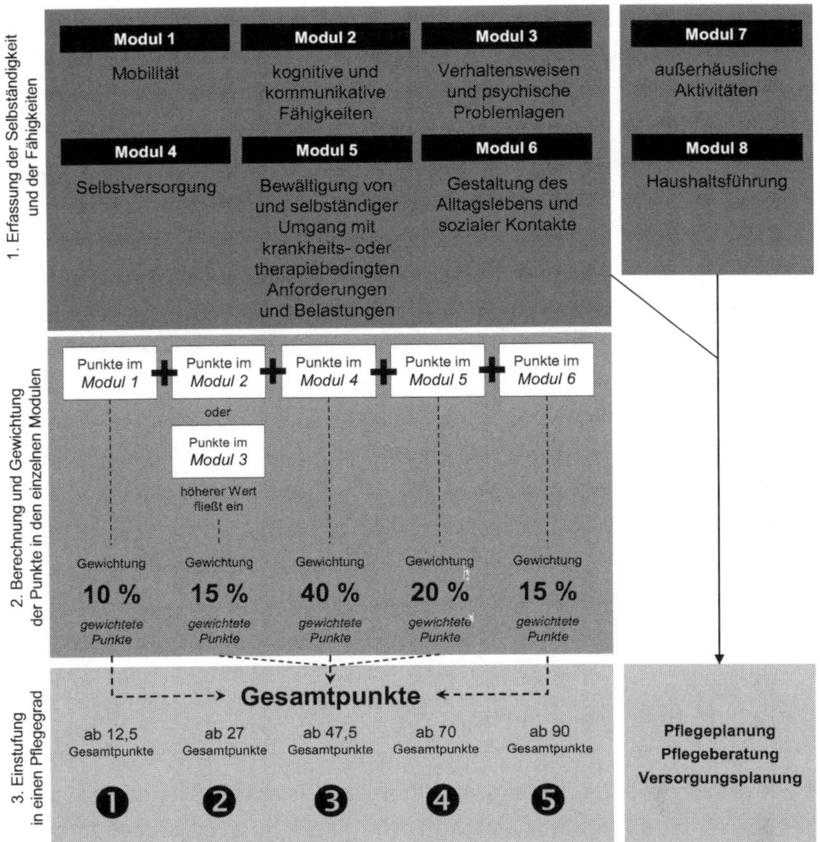

Abb. 10: Neues Begutachtungsassessment und Pflegeeinstufung

Grundlage des Begutachtungsinstruments ist im ersten Schritt zunächst die Erfassung der (verbliebenen) Selbständigkeit und der Fähigkeiten des Versicherten in sechs Lebensbereichen bzw. Modulen, die den sechs Bereichen möglicher Beeinträchtigungen nach ☞ § 14 Abs. 2 SGB XI entsprechen und denen unterschiedliche Kriterien zugeordnet sind (im Bereich Mobilität bspw. die Fähigkeit, einen Positionswechsel im Bett vorzunehmen oder Treppen steigen zu können) (vgl. Anlage 1 zu § 15 SGB XI). Diese Kriterien werden in Abhängigkeit von den verbliebenen Ressourcen mit Werten von 0 (selbständig) bis (je nach Modul) maximal 5 (unselbständig) bepunktet (Tab. 3). Die Summe der Einzelpunkte spiegelt dann den Grad der Selbständigkeit und Alltagsfähigkeit des Pflegebedürftigen im jeweiligen Bereich bzw. Modul wider; er nimmt dabei mit steigender Gesamtpunktzahl immer mehr ab. Wird ein Antragsteller im Begutachtungsmodul Mobilität bspw.

mit 15 Punkten bewertet, ist er hinsichtlich der diesem Bereich zugeordneten Kriterien vollständig auf Hilfe angewiesen; erhält er in der Summe hingegen 0 Punkte, hat er in diesem Lebensbereich keine oder nur äußerst geringe Einschränkungen.

Modul 1: Einzelpunkte im Bereich der Mobilität					
Ziffer	*Kriterien*	*selbständig*	*überwiegend selbständig*	*überwiegend unselbständig*	*unselbständig*
1.1	Positionswechsel im Bett	0	1	2	3
1.2	Halten einer stabilen Sitzposition	0	1	2	3
1.3	Umsetzen	0	1	2	3
1.4	Fortbewegen innerhalb des Wohnbereichs	0	1	2	3
1.5	Treppensteigen	0	1	2	3

Tab. 3: Messung der Selbständigkeit im Modul Mobilität (*Quelle*: Anlage 1 zu § 15 SGB XI)

Ist für jedes Modul ein Summenwert aus den gutachterlichen Einschätzungen der einzelnen Kriterien ermittelt worden, sind diese Summen in einem zweiten Schritt zu gewichten. Hierzu werden die in einem Modul erreichten Punkte einem von insgesamt fünf ordinalskalierten Punktbereichen von 0 (keine Beeinträchtigungen der Selbständigkeit oder der Fähigkeiten) bis 4 (schwerste Beeinträchtigungen der Selbständigkeit oder der Fähigkeiten) zugeordnet. In Anlage 2 zu § 15 SGB XI können dann die jeweils gewichteten Punktzahlen für die einzelnen Punktbereiche abgelesen werden (Tab. 4). Zu unterscheiden sind folglich die Punkte, die sich aus der Addition der Punkte für die einzelnen Modulkriterien ergeben, und die Punkte, die letztlich für die Bestimmung des Pflegegrades berücksichtigt werden (gewichteter Punktwert).

Schweregrad der Beeinträchtigungen der Selbständigkeit oder der Fähigkeiten							
Modul	*Gewichtung*	*0 keine*	*1 geringe*	*2 erhebliche*	*3 schwere*	*4 schwerste*	
Mobilität	10 %	0–1	2–3	4–5	6–9	10–15	Summe der Punkte im Modul Mobilität
		0	*2,5*	*5*	*7,5*	*10*	*gewichtete Punkte*

Tab. 4: Schweregrad der Beeinträchtigungen der Selbständigkeit oder der Fähigkeiten (*Quelle*: Anlage 2 zu § 15 SGB XI)

Im dritten und letzten Schritt werden die gewichteten Punkte aller sechs Module addiert, wobei die Gesamtpunktzahl maximal 100 betragen kann. Auf der Basis der erreichten (gewichteten) Gesamtpunkte ist die pflegebedürftige Personen dann in einen von fünf Pflegegraden einzuordnen; bis zu einer Gesamtpunktzahl von 12 besteht keine sozialrechtlich relevante Pflegebedürftigkeit.

2.2.2 Leistungskatalog

2.2.2.1 Überblick

Die Leistungen der sozialen Pflegeversicherung sind vor allem Dienst-, Sach- und Geldleistungen für den Bedarf an körperbezogenen Pflegemaßnahmen, pflegerischen Betreuungsmaßnahmen und Hilfen bei der Haushaltsführung; Art und Umfang der Leistungen richten sich nach dem Grad der Pflegebedürftigkeit und danach, ob häusliche, teilstationäre oder vollstationäre Pflege in Anspruch genommen wird (§ 4 Abs. 1 SGB XI). Dabei soll die Leistungsgewährung vorrangig die häusliche Pflege unterstützen, damit die Pflegebedürftigen möglichst lange in ihrer häuslichen Umgebung bleiben können – es gilt also der Grundsatz „ambulant vor stationär" (§ 3 SGB XI).

Das Leistungsspektrum der sozialen Pflegeversicherung ist – gerade im Vergleich zum Leistungskatalog der gesetzlichen Krankenversicherung – eng begrenzt und gesetzlich sehr detailliert ausgestaltet. Insgesamt kann der Leistungskatalog in Basisleistungen, Leistungen der häuslichen Pflege (einschließlich der Leistungen für ehrenamtlich tätige Pflegepersonen), der teilstationären und der vollstationären Pflege unterteilt werden (Abb. 11); zudem besteht ein Anspruch auf unterschiedliche Arten und Aspekte der

Pflegeberatung (☞ §§ 7 ff. SGB XI). Pflegebedürftige mit dem Pflegegrad 1 können dabei nur die Basisleistungen beanspruchen; ab dem Pflegegrad 2 greifen die regulären Leistungen der häuslichen und der teil- bzw. vollstationären Pflege. Bei Konkurrenzen mit den Leistungen der gesetzlichen Krankenversicherung (etwa zwischen der häuslichen Krankenpflege nach § 37 SGB V und den Leistungen der häuslichen Pflege § 36 SGB XI) gehen die Leistungen der gesetzlichen Krankenversicherung grundsätzlich denen der sozialen Pflegeversicherung vor (§ 13 Abs. 2 SGB XI) (▶ Kap. 2.3).

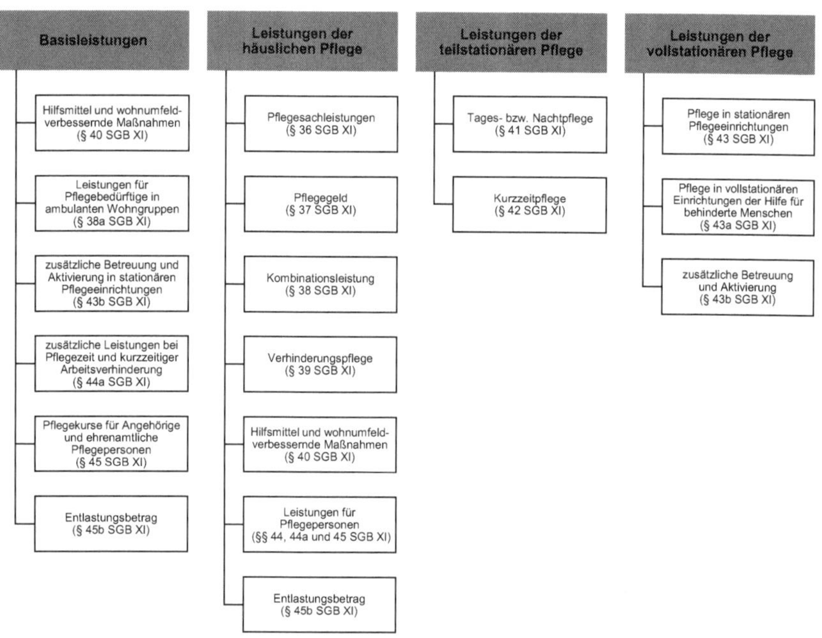

Abb. 11: Leistungskatalog der sozialen Pflegeversicherung

Dabei sind die von den Pflegekassen zur Verfügung gestellten Leistungen zwar – ebenso wie diejenigen der Krankenkassen – bedürftigkeitsunabhängig, aber in aller Regel nicht bedarfsdeckend: Gewährt werden nach oben gedeckelte Leistungsbeträge (Tab. 5), die – ähnlich einer Teilkaskoversicherung – für gewöhnlich nicht den gesamten individuellen Bedarf an Pflegeleistungen decken, so dass Pflegebedürftige üblicherweise einen Teil der Pflegeaufwendungen selber übernehmen müssen. Im Falle der Bedürftigkeit kommen subsidiäre Leistungen des örtlichen Sozialhilfeträgers in Betracht (§§ 61 ff. SGB XII) (▶ Kap. 2.2.2.6).

Leistung (in € [*pro Monat])	PG 1	PG 2	PG 3	PG 4	PG 5
*Entlastungsbetrag**	125	125	125	125	125
*Pflegesachleistungen**	Anspruch nur über den Entlastungsbetrag	689	1.298	1.612	1.995
*Pflegegeld**	–	316	545	728	901
Verhinderungspflege (bis sechs Wochen im Kalenderjahr)	–	1.612	1.612	1.612	1.612
Kurzzeitpflege (bis acht Wochen im Kalenderjahr)	Anspruch nur über den Entlastungsbetrag	1.612	1.612	1.612	1.612
*teilstationäre Tages- und Nachtpflege**	Anspruch nur über den Entlastungsbetrag	689	1.298	1.612	1.995
*vollstationäre Pflege**	125	770	1.262	1.775	2.005
*zum Verbrauch bestimmte Pflegehilfsmittel**	40	40	40	40	40

Tab. 5: Leistungsbeträge der sozialen Pflegeversicherung

2.2.2.2 Basisleistungen

Aufgrund der vergleichsweise geringen Beeinträchtigungen, die bei Versicherten mit dem Pflegegrad 1 gegeben sind, erhalten diese Pflegebedürftigen noch keine umfassenden Leistungen der häuslichen oder stationären Pflege, wie sie für Pflegebedürftige mit dem Pflegegrad 2 bis 5 vorgesehen sind. Die Leistungen der Pflegeversicherung für Pflegebedürftige mit dem Pflegegrad 1 sind vielmehr darauf ausgerichtet, deren Selbstständigkeit durch frühzeitige Hilfestellungen möglichst lange zu erhalten und ihnen so den Verbleib in der vertrauten häuslichen Umgebung zu ermöglichen. Die vor diesem Hintergrund zu gewährenden sog. Basisleistungen sind in ☞ § 28a Abs. 1 SGB XI zusammengefasst; zu ihnen gehören etwa die Versorgung mit Pflegehilfsmitteln und finanzielle Zuschüsse für wohnumfeldverbessernde Maßnahmen nach § 40 SGB XI (▶ Kap. 2.2.2.3).

Den Kern der Basisleistungen bildet indes der sog. Entlastungsbetrag in Höhe von monatlich 125,– €, der zweckgebunden für selbstbeschaffte Leistungen der Tages-, Nacht- und Kurzzeitpflege (▶ Kap. 2.2.2.4), für Leistungen, die von ambulanten Pflegediensten erbracht werden (▶ Kap. 2.2.2.3), oder für Leistungen der nach landesrechtlichen Bestimmungen anerkannten Angebote zur Unterstützung im Alltag eingesetzt werden kann (☞ § 28a Abs. 2 i. V. m. ☞ § 45b SGB XI). Wählen Pflegebedürftige des Pflegegrades 1 vollstationäre Pflege in einem Pflegeheim (▶ Kap. 2.2.2.5), erhalten sie von der Pflegeversicherung einen Zuschuss in Höhe des Entlastungsbetrages von monatlich 125,– € (§ 28a Abs. 3 SGB XI).

2.2.2.3 Leistungen der häuslichen Pflege

Anspruch auf den Entlastungsbetrag in Höhe von 125,– € (▶ Kap. 2.2.2.2) haben grundsätzlich auch Pflegebedürftige mit dem Pflegegrad 2 oder höher, die in häuslicher Pflege versorgt werden. Zu den Leistungen der häuslichen Pflege gehören dabei vor allem die Pflegesachleistungen nach § 36 SGB XI, das Pflegegeld nach § 37 SGB XI, die Kombinationsleistung nach § 38 SGB XI, die Verhinderungspflege nach § 39 SGB XI sowie die Versorgung mit (Pflege-)Hilfsmitteln nach § 40 SGB XI.

Häusliche Pflegesachleistungen nach ☞ § 36 SGB XI werden als Dienstleistungen von geeigneten Pflegekräften erbracht, die entweder von der Pflegekasse angestellt oder – was der Regel entspricht – bei einem ambulanten Pflegedienst beschäftigt sind, mit dem die Pflegekasse einen Versorgungsvertrag nach § 72 SGB XI abgeschlossen hat (▶ Kap. 3.3.2). Der Anspruch bezieht sich auf die erforderlichen körperbezogenen Pflege- und die notwendigen pflegerischen Betreuungsmaßnahmen sowie auf Hilfen bei der Haushaltsführung (sog. häusliche Pflegehilfe) und umfasst pflegerische Maßnahmen in den in § 14 Abs. 2 SGB XI genannten Bereichen. Dabei beziehen sich die körperbezogenen Pflegemaßnahmen vor allem auf die Bereiche *Mobilität* und *Selbstversorgung* nach ☞ § 14 Abs. 2 Nr. 1 und 4 SGB XI, die pflegerische Betreuung auf die Bereiche *kognitive und kommunikative Fähigkeiten*, *Verhaltensweisen und psychische Problemlagen*, *Bewältigung von und selbständiger Umgang mit krankheits- oder therapiebedingten Anforderungen und Belastungen* sowie *Gestaltung des Alltagslebens und sozialer Kontakte* nach ☞ § 14 Abs. 2 Nr. 2, 3, 5 und 6 SGB XI; die Hilfen bei der Haushaltsführung umfassen die Aktivitäten, die von ☞ § 18 Abs. 5a Satz 3 Nr. 2 SGB XI erfasst werden (z. B. Einkäufe für den täglichen Bedarf, Zubereitung von Mahlzeiten oder Aufräum- und Reinigungsarbeiten).

Anstelle der häuslichen Pflegehilfe können Pflegebedürftige auch ein sog. Pflegegeld beantragen (☞ § 37 Abs. 1 und 2 SGB XI), wenn sichergestellt ist, dass mit der zur Verfügung gestellten Geldleistung die erforderlichen körperbezogenen Pflegemaßnahmen und pflegerischen Betreuungsmaßnahmen sowie die Hilfen bei der Haushaltsführung in geeigneter Weise selbst sicherstellt werden, etwa durch eine selbstbeschaffte Pflegeperson i. S. d. ☞ § 19 SGB XI, die bspw. aus dem familiären Umfeld, der Nachbarschaft oder dem Freundeskreis der pflegebedürftigen Person stammen kann. Um zu gewährleisten, dass auch diese Laienpflege gewisse Qualitätsstandards erfüllt, müssen Pflegebedürftige, die das Pflegegeld beziehen, regelmäßig eine Beratung in der eigenen Häuslichkeit durch einen zugelassenen Pflegedienst oder durch eine von den Pflegekassen anerkannte Beratungsstelle mit nachgewiesener pflegefachlicher Kompetenz abrufen (☞ § 37 Abs. 3 SGB XI). Für die Pflegepersonen selbst werden unter gewissen Voraussetzungen Beiträge zur Renten- und Arbeitslosenversicherung gezahlt (§ 44 Abs. 1 und 2b SGB XI); zudem sind sie im Zusammenhang mit ihrer Pflegetätigkeit in den Schutz der gesetzlichen Unfallversicherung einbezogen (§ 44 Abs. 2a SGB XI i. V. m. § 2 Abs. 1 Nr. 17 SGB VII) und können unentgeltlich an bestimmten Pflegekursen teilnehmen (§ 45 SGB XI), die unter anderem Fertigkeiten für eine eigenständige Durchführung der Pflege vermitteln und pflegebedingte körperliche und seelische Belastungen mindern bzw. ihrer Entstehung vorbeugen sollen. Ist die Pflegeperson wegen Erholungsurlaubs, Krankheit oder aus anderen Gründen vorübergehend an der Pflege gehindert, übernimmt die Pflegekasse die nachgewiesenen Kosten einer notwendigen Ersatzpflege (sog. Verhinderungspflege) für längstens sechs Wochen pro Kalenderjahr (☞ § 39 SGB XI), die bspw. durch einen ambulanten Pflegedienst oder stationär in einem Pflegeheim durchgeführt werden kann. Voraussetzung ist dabei indes, dass die Pflegeperson den Pflegebedürftigen vor der erstmaligen Verhinderung mindestens sechs Monate in seiner häuslichen Umgebung gepflegt hat.

☞ § 38 SGB XI gibt Versicherten die Möglichkeit, die Pflegesachleistungen nach § 36 SGB XI und das Pflegegeld nach § 37 SGB XI miteinander zu kombinieren: So können sie die ihnen zustehenden Sachleistungen nur teilweise in Anspruch nehmen und dafür ein anteiliges Pflegegeld beziehen, das dann um denjenigen Prozentsatz vermindert wird, in dem der Pflegebedürftige Sachleistungen in Anspruch nimmt. An die Entscheidung, in welchem Verhältnis er die Geld- und die Sachleistung in Anspruch nehmen möchte, ist der Pflegebedürftige für eine Dauer von sechs Monaten gebunden.

Für den Fall der häuslichen Versorgung eines Pflegebedürftigen übernimmt die Pflegekasse auch bestimmte Pflegehilfsmittel und die Kosten für wohnumfeldverbessernde Maßnahmen (☞ § 40 SGB XI). Bei den Pflegehilfsmitteln wird zwischen zum Verbrauch bestimmten Pflegehilfsmitteln und technischen Pflegehilfsmitteln unterschieden (§ 40 Abs. 2 bzw. 3 SGB XI). Zum Verbrauch bestimmte Hilfsmittel sind dabei Produkte, die aufgrund ihrer Beschaffenheit oder aus hygienischen Gründen nur einmal benutzt werden können und daher regelmäßig nicht für den Wiedereinsatz geeignet sind. Im Gegensatz dazu gehören zu den technischen Hilfsmitteln diejenigen Produkte, die im Pflegehilfsmittelverzeichnis nach § 78 Abs. 2 SGB XI aufgelistet sind, also etwa Pflegebetten nebst Zubehör, Hausnotrufsysteme, Lagerungsrollen oder Bettpfannen und Urinflaschen; sie sollen in allen geeigneten Fällen vorrangig leihweise überlassen werden (§ 40 Abs. 3 Satz 1 SGB XI). Die Kostenübernahme durch die Pflegekasse setzt dabei in allen Fällen voraus, dass mit der Nutzung des betreffenden Hilfsmittels ein bestimmter pflegespezifischer Zweck verfolgt wird: Neben der Körperpflege und der Hygiene des Pflegebedürftigen (z. B. Inkontinenzhosen oder Vorlagen bzw. Bettpfannen oder Urinflaschen) kann dies die Erleichterung der Pflege (z. B. Pflegebetten), die Linderung von Beschwerden des Pflegebedürftigen (z. B. Lagerungsrollen oder Entlastungskissen) oder die Ermöglichung einer selbständigen Lebensführung (z. B. Notrufsysteme oder Handsender) sein (§ 40 Abs. 1 Satz 1 SGB XI). Zu den technischen Hilfsmitteln zahlen Versicherte ab der Vollendung des 18. Lebensjahres 10 % der Kosten des Pflegehilfsmittels, maximal jedoch 25,– € je Hilfsmittel zu (§ 40 Abs. 3 Satz 4 SGB XI). Die Übernahme von Kosten für zum Verbrauch bestimmte Hilfsmittel ist in der sozialen Pflegeversicherung auf einen Betrag von 40,– € monatlich begrenzt (§ 40 Abs. 2 SGB XI); eine Zuzahlung der Versicherten entfällt.

Nach § 40 Abs. 4 SGB XI können die Pflegekassen schließlich – wenn auch subsidiär – finanzielle Zuschüsse für Maßnahmen zur Verbesserung des individuellen Wohnumfeldes des Pflegebedürftigen gewähren (bspw. für einen pflegegerechten Umbau des Badezimmers), wenn dadurch im Einzelfall die häusliche Pflege ermöglicht oder erheblich erleichtert oder eine möglichst selbständige Lebensführung des Pflegebedürftigen wiederhergestellt wird; die Zuschüsse hierzu dürfen einen Betrag in Höhe von 4.000,– € je Maßnahme nicht übersteigen.

2.2.2.4 Leistungen der teilstationären Pflege

Zu den teilstationären Leistungen der sozialen Pflegeversicherung gehören die Tages- und Nachtpflege sowie die Kurzzeitpflege. Die ergänzende Versorgung in Einrichtungen der Tages- bzw. Nachtpflege nach ☞ § 41 SGB XI wird dabei erbracht, wenn häusliche Pflege nicht in ausreichendem Umfang sichergestellt werden kann oder sie zur Ergänzung oder Stärkung der häuslichen Pflege erforderlich ist. Sie umfasst auch die notwendige Beförderung des Pflegebedürftigen von der Wohnung zur Einrichtung und zurück.

Bei der Kurzzeitpflege nach ☞ § 42 SGB XI handelt es sich dem Grunde nach um eine stationäre Leistung in einem Pflegeheim, die jedoch nur vorübergehend erbracht wird, weshalb sie systematisch den teilstationären Leistungen zugeordnet wird. Sie ist für längstens acht Wochen im Kalenderjahr möglich, wenn häusliche Pflege zeitweise nicht, noch nicht oder nicht im erforderlichen Umfang erbracht werden kann und eine vorübergehende vollstationäre Versorgung des Pflegebedürftigen erforderlich ist, um entweder für eine Übergangszeit im Anschluss an eine stationäre Behandlung oder in einer sonstigen Krisensituation dessen Pflege sicherzustellen. Eine derartige, zeitlich begrenzte Krisensituation kann dabei sowohl durch die Person des Pflegebedürftigen (z. B. akut zunehmender Pflegebedarf oder häufiger auftretende Verwirrtheit) als auch durch die der Pflegeperson begründet sein (z. B. Aufnahme einer Erwerbstätigkeit oder eigene familiäre Probleme).

2.2.2.5 Leistungen der vollstationären Pflege

Im Rahmen der Leistungen der vollstationären Pflege in einer stationären Pflegeeinrichtung nach ☞ § 43 SGB XI übernehmen die Pflegekassen neben den pflegebedingten Aufwendungen (vor allem körperbezogene Pflegemaßnahmen und pflegerische Betreuungsmaßnahmen) auch Aufwendungen für die (soziale) Betreuung der Bewohner (z. B. Maßnahmen zur Gestaltung des persönlichen Alltags oder Unterstützung bei der Erledigung persönlicher Angelegenheiten) und für Leistungen der medizinischen Behandlungspflege (z. B. Verbandwechsel oder das Injizieren von Arzneimitteln). Soweit der im Rahmen der vollstationären Pflege zu gewährende Leistungsbetrag (Tab. 5) die Kosten für diese Aufwendungen übersteigt, übernimmt die Pflegekasse darüber hinaus auch (anteilig) die Kosten für die Unterkunft und die Verpflegung, die ansonsten grundsätzlich von den Bewohnern des Pflegeheims selbst zu tragen sind (▶ Kap. 3.3.1).

Hinzu kommen unter Umständen Maßnahmen der zusätzlichen Betreuung und Aktivierung, die über die nach Art und Schwere der Pflegebedürftigkeit notwendige Versorgung hinausgehen (☞ § 43b SGB XI). Sie werden von speziellen Betreuungskräften erbracht, deren Leistungen als Zuschlag zu den Pflegevergütungen der Pflegekassen honoriert werden (▶ Kap. 3.3.1). Inhaltlich geht es bei den Leistungen der zusätzlichen Betreuung und Aktivierung bspw. um Spaziergänge, das gemeinsame Lesen oder Vorlesen oder sonstige gemeinsame Aktivitäten wie Basteln, Singen, Kochen und Backen.

2.2.2.6 Exkurs: Ergänzende Leistungen der Sozialhilfe

Im Gegensatz zur gesetzlichen Krankenversicherung zeichnet sich die soziale Pflegeversicherung dadurch aus, dass ihre Leistungen in aller Regel nicht bedarfsdeckend sind und sie daher keinen vollen Schutz vor dem Eintritt des Risikos der Pflegebedürftigkeit bietet (Prinzip der „Teilkaskoversicherung“

[▶ Kap. 2.2.1]). Im Einzelfall können die Leistungen der sozialen Pflegeversicherung daher durch Hilfen zur Pflege nach dem Sozialhilferecht ergänzt werden (§§ 61 bis 66a SGB XII) (hierzu *Janda* 2019, 115 ff sowie *Richter* 2017, Rdnr. 509 ff.). Nach ☞ § 61 SGB XII sind diesbezüglich Personen leistungsberechtigt, die pflegebedürftig sind, keine bedarfsdeckenden Leistungen der sozialen Pflegeversicherung erhalten und denen selbst bzw. ihren nicht getrennt lebenden Ehegatten oder Lebenspartnern nicht zuzumuten ist, die für die Hilfe zur Pflege benötigten Mittel aus dem eigenen Einkommen und Vermögen aufzubringen (§§ 82 ff. bzw. §§ 90 f SGB XII); die Leistungen der Sozialhilfe sind also subsidiär gegenüber den Leistungen der sozialen Pflegeversicherung und nur im Falle der Bedürftigkeit zu erbringen (☞ §§ 2 und 19 Abs. 3 SGB XII). Dabei orientiert sich der sozialhilferechtliche Pflegebedürftigkeitsbegriff nach ☞ §§ 61a und 61b SGB XII an dem des Pflegeversicherungsrechts nach §§ 14 und 15 SGB XI (▶ Kap. 2.2.1.2); ein zentraler Unterschied besteht indes darin, dass nach § 61a SGB XII auch Hilfebedarfe zum Tragen kommen, die weniger als ein halbes Jahr bestehen. Sofern bereits die Pflegekasse über das Vorliegen einer Pflegebedürftigkeit und deren Grad entschieden hat, ist diese Entscheidung auch für den Träger der Sozialhilfe bindend (§ 62a SGB XII).

Insgesamt können damit pflegebedürftige Personen i. S. d. § 14 SGB XI (ergänzende) Leistungen der Sozialhilfe nach §§ 61 ff. SGB XII beanspruchen,

- die nicht die Vorversicherungszeit des §§ 33 Abs. 2 SGB XI erfüllt haben (▶ Kap. 2.2.1.1) und aus diesem Grunde keine Leistungen nach dem SGB XI erhalten oder
- deren Pflegebedürftigkeit voraussichtlich nicht für mindestens sechs Monate besteht und sie aus diesem Grunde keine Leistungen nach dem SGB XI erhalten oder
- die zwar Leistungen nach dem SGB XI erhalten, deren Pflegebedarf aber nicht (vollständig) durch Leistungen der sozialen Pflegeversicherung gedeckt wird

und dabei aufgrund mangelnden eigenen Einkommens bzw. Vermögens im sozialhilferechtlichen Sinne bedürftig sind (vgl. *Richter* 2017, Rdnr. 511).

Die nach dem Sozialhilferecht zu gewährenden Leistungsarten entsprechen dabei weitgehend denjenigen der sozialen Pflegeversicherung (☞ § 28 SGB XI einerseits und ☞ § 63 SGB XII andererseits), allerdings ist die Höhe der Leistungen bei den Dienst- und Sachleistungen nicht nach oben gedeckelt (§§ 64a ff. SGB XII). Dies bedeutet, dass die Sozialhilfeträger zunächst den erforderlichen pflegerischen Bedarf im Einzelfall ermitteln müssen, um ihn dann durch eine Leistungsbewilligung nach dem Individualisierungsgrundsatz des ☞ § 9 SGB XII decken zu können. In der Praxis übernehmen sie damit regelmäßig diejenigen Kosten, die zur häuslichen, teil- oder vollstationären Versorgung eines pflegebedürftigen Anspruchsberechtigten erforderlich sind und die aufgrund der bestehenden Leistungshöchstgrenzen nicht von der sozialen Pflegeversicherung getragen werden.

Zu beachten ist jedoch, dass Verwandte in gerader Linie (Großeltern ↔ Eltern ↔ Kinder ↔ Enkelkinder etc. [☞ §§ 1602 ff. BGB]) verpflichtet sind, einander Unterhalt zu gewähren, soweit sie hierzu finanziell in der Lage sind; dies betrifft dem Grunde nach auch die Übernahme der durch die Leistungen der sozialen Pflegeversicherung nicht gedeckten Pflegekosten. Sofern der Träger der Sozialhilfe daher im Falle der Bedürftigkeit eines Pflegebedürftigen Hilfen zur Pflege erbringt, hat er nach ☞ § 94 SGB XII das Recht, hierfür die unterhaltspflichtigen Angehörigen in Regress zu nehmen. Der Anspruch des unterhaltsberechtigten Leistungsbeziehers gegen seine Angehörigen geht damit also auf den Sozialhilfeträger über, wobei der Rückgriff gegen Angehörige nur bei Verwandten möglich ist, die mit der pflegebedürftigen Person bis zum ersten Grad verwandt sind (Eltern und Kinder) (§ 94 Abs. 1 Satz 3 SGB XII). In jedem Fall muss dem entsprechend unterhaltspflichtigen Angehörigen ein gewisser Selbstbehalt zur Deckung des eigenen Lebensbedarfs verbleiben. Auch wenn die Höhe dieses Selbstbehalts von vielen Faktoren abhängig ist und immer die besonderen Umstände des Einzelfalls berücksichtigt werden müssen (hierzu ausführlich *Müller/Wersig* 2016, vor allem 101 ff.), hat die Rechtsprechung inzwischen gewisse Leitlinien mit sog. Mindestselbstbehaltwerten entwickelt, so dass beim Unterschreiten dieser Werte eine Heranziehung durch den zuständigen Träger der Sozialhilfe nicht in Betracht kommt. Dieser Wert beträgt bei einem unverheirateten, erwerbstätigen Kind eines bedürftigen und daher Hilfe zur Pflege nach dem SGB XII beziehenden Heimbewohners bspw. 2.000,– € monatlich (Jahr 2020) zuzüglich 50 % des diesen Mindestselbstbehalt übersteigenden Einkommens (Berechnung nach der sog. Düsseldorfer Tabelle [*OLG Düsseldorf* 2020]).

2.2.3 Organisation und Finanzierung

Zuständig für die Leistungen der sozialen Pflegeversicherung sind die bei den Krankenkassen errichteten Pflegekassen. Organisatorisch werden die Aufgaben der Pflegeversicherung also von den Trägern der gesetzlichen Krankenversicherung mit wahrgenommen, auch wenn die Pflegekassen rechtlich und wirtschaftlich dem Grunde nach eigenständig sind (§ 2 Abs. 3 und § 46 SGB XI).

Finanziert werden die Leistungen hauptsächlich durch Beiträge, die bei den abhängig beschäftigten Versicherten von Arbeitgebern und Arbeitnehmern paritätisch aufgebracht werden; es gilt die in der gesetzlichen Krankenversicherung bestehende Beitragsbemessungsgrenze (▶ Kap. 2.1.3.2). Der Beitragssatz beträgt einheitlich 3,05 %; für kinderlose Mitglieder, die das 23. Lebensjahr vollendet haben, erhöht sich der Beitragssatz um einen nur von ihnen zu tragenden Beitragszuschlag von 0,25 Prozentpunkten (§ 55 SGB XI). Studierende zahlen – ähnlich wie in der gesetzlichen Krankenversicherung – einen kassenübergreifend einheitlichen Beitrag von 22,69 € monatlich (ab Wintersemester 2019/2020; mit Zuschlag für Kinderlose 24,55 €). Dabei werden sämtliche Leistungsaufwendungen und Verwaltungskosten von allen Pflegekassen nach dem Verhältnis ihrer Beitragseinnahmen gemeinsam getragen; zu diesem Zweck findet zwischen den Pflegekassen ein Finanzausgleich statt, der vom Bundesversicherungsamt durchgeführt wird (§§ 65 ff. SGB XI).

2.3 Leistungsrechtliche Schnittstellen zwischen Kranken- und Pflegeversicherung

Brockmann, Judith: Hilfsmittelversorgung im gegliederten Sozialleistungssystem, in: Sozialrecht aktuell. Sonderheft 2013, 19–30 | *Kostorz*, Peter: Leistungen für Pflegebedürftige an der Schnittstelle zwischen GKV und SPV – Wer zahlt was im Falle häuslicher Pflege?, in: Unterricht Pflege 5/2015, 26–31 | *Waßer*, Ursula: Schnittstellen zwischen Kranken- und Pflegeversicherung, in: Kranken- und Pflegeversicherung 2015, 89–96.

Vor dem Hintergrund der unterschiedlichen leistungsauslösenden Versicherungsfälle (Krankheit in der gesetzlichen Krankenversicherung einerseits [▶ Kap. 2.1.1.2] und Pflegebedürftigkeit in der sozialen Pflegeversicherung andererseits [▶ Kap. 2.2.1.2]) grenzen sich grundsätzlich auch die Zuständigkeiten und die Leistungskataloge von Kranken- und Pflegeversicherung mehr oder weniger deutlich voneinander ab. Gleichwohl werden unter jeweils anderen spezifischen Voraussetzungen zum Teil vergleichbare Leistungen sowohl von der gesetzlichen Kranken- als auch von der sozialen Pflegeversicherung erbracht, so dass sich im Einzelfall die Frage nach ihrer Abgrenzung voneinander stellen kann. Dies betrifft vor allem die Leistungen der Kurzzeitpflege (▶ Kap. 2.1.2.6 bzw. ▶ Kap. 2.2.2.4), die Dienstleistungen der ambulanten Pflege (▶ Kap. 2.1.2.3 bzw. ▶ Kap. 2.2.2.3) sowie die Versorgung mit (Pflege-)Hilfsmitteln (▶ Kap. 2.1.2.3 bzw. ▶ Kap. 2.2.2.3) (Tab. 6).

	gesetzliche Krankenversicherung	soziale Pflegeversicherung
Kurzzeitpflege	§ 39c SGB V	§ 42 SGB XI
ambulante Pflegeleistungen	häusliche Krankenpflege § 37 SGB V	Pflegesachleistungen § 36 SGB XI
Heilmittel-versorgung	§ 33 SGB V	§ 40 SGB XI

Tab. 6: Überschneidungen bzw. Konkurrenzen der Leistungskataloge von Kranken- und Pflegeversicherung

2.3.1 Kurzzeitpflege

Inhaltlich sind die Leistungen der Kurzzeitpflege der gesetzlichen Krankenversicherung (☞ § 39c SGB V) und der sozialen Pflegeversicherung (☞ § 42 SGB XI) deckungsgleich. Unterschiede ergeben sich allerdings hinsichtlich ihrer Indikation: Während die Leistung der sozialen Pflegeversicherung eine Pflegebedürftigkeit mindestens mit dem Pflegegrad 2 voraussetzt, erbringt die gesetzliche Krankenversicherung die entsprechende Leistung, wenn Unterstützungspflege nach § 37 Abs. 1a SGB V nicht ausreicht und (noch) keine Pflegebedürftigkeit mit dem Pflegegrad 2 oder höher festgestellt worden ist. Aufgrund dieses klaren Abgrenzungskriteriums ist eine Leistungskonkurrenz dem Grunde nach ausgeschlossen.

2.3.2 Ambulante Pflegeleistungen

Eine ähnliche Abgrenzungssystematik wie bei der Kurzzeitpflege gilt bei der Unterstützungspflege nach ☞ § 37 Abs. 1a SGB V und den Pflegesachleistungen nach ☞ § 36 SGB XI: Während die Krankenkassenleistung nur bei einer Pflegebedürftigkeit bis zum Pflegegrad 1 erbracht wird, setzt die entsprechende Leistung der Pflegekasse eine Pflegebedürftigkeit mindestens mit dem Pflegegrad 2 voraus. Auch hier sind wegen der spezifischen Anspruchsvoraussetzungen der jeweiligen Leistungen der gesetzlichen Kranken- und der sozialen Pflegeversicherung Leistungskonkurrenzen dem Grunde nach also ausgeschlossen.

Anders verhält es sich mit der häuslichen Krankenpflege in Form der Krankenhausersatzpflege nach § 37 Abs. 1 SGB V und der Behandlungssicherungspflege nach § 37 Abs. 2 SGB V, die sich mit den Pflegesachleistungen nach § 36 SGB XI überschneiden und insofern mit ihnen konkurrieren können (Tab. 7).

		Leistungspflicht der …	
		gesetzlichen Krankenversicherung	*sozialen Pflegeversicherung*
Leistungen der häuslichen Krankenpflege	*Behandlungs-sicherungs-pflege*	(bedarfsdeckende) Behandlungspflege nach § 37 Abs. 2 SGB V	Grundpflege und hauswirtschaftliche Versorgung nach § 36 SGB XI
	Krankenhaus-ersatzpflege	(bedarfsdeckende) Behandlungspflege, Grundpflege und hauswirtschaftliche Versorgung nach § 37 Abs. 1 SGB V	keine Pflegesachleistungen (Ruhen des Leistungsanspruchs)

Tab. 7: Abgrenzung der häuslichen Krankenpflege nach § 37 SGB V von den Pflegesachleistungen nach § 36 SGB XI

Während die Behandlungssicherungspflege nach ☞ § 37 Abs. 2 SGB V – dem Begriff entsprechend – ausschließlich Maßnahmen der Behandlungspflege umfasst, sollen die Leistungen der häuslichen Pflege nach ☞ § 36 SGB XI die Grundpflege (hier begrifflich: körperbezogene Pflegemaßnahmen und pflegerische Betreuungsmaßnahmen) sowie die hauswirtschaftliche Versorgung (hier begrifflich: Hilfen bei der Haushaltsführung) der Pflegebedürftigen sicherstellen. Leistungsüberschneidungen sind damit dem Grunde nach ausgeschlossen, weshalb die Leistungen der gesetzlichen Kranken- und der sozialen Pflegeversicherung insofern grundsätzlich parallel erbracht werden können.

Demgegenüber umfassen die Leistungen der Krankenhausersatzpflege nach ☞ § 37 Abs. 1 SGB V neben der Behandlungspflege zusätzlich auch die Grundpflege und die hauswirtschaftliche Versorgung, so dass sie dem Grunde nach den gesamten Pflege- bzw. Hilfebedarf der pflegebedürftigen Person abdecken. Eine Abgrenzung zu den Leistungen bei häuslicher Pflege nach ☞ § 36 SGB XI ist damit zwingend erforderlich. Dabei kann das Konkurrenzverhältnis im Bereich der Grundpflege und der hauswirtschaftlichen Versorgung mit Hilfe des ☞ § 34 Abs. 2 SGB XI gelöst werden, in dem der Gesetzgeber der Krankenhausersatzpflege Vorrang vor den ambulanten Leistungen nach dem SGB XI einräumt: Soweit die im Rahmen des § 37 Abs. 1 SGB V bewilligten Leistungen der Grundpflege und der hauswirtschaftlichen Versorgung den insgesamt bestehenden Versorgungsbedarf der versicherten Person abdecken, kommen daneben Leistungen der Pflegeversicherung nach § 36 SGB XI also grundsätzlich nicht (mehr) in Betracht.

2.3.3 Hilfsmittelversorgung

Abgrenzungsschwierigkeiten zwischen der gesetzlichen Kranken- und der sozialen Pflegeversicherung kann es schließlich im Bereich der Versorgung mit Hilfsmitteln geben, da die Leistungskataloge beider Sozialversicherungszweige entsprechende Sachleistungen vorsehen (☞ § 33 SGB V bzw. ☞ § 40 SGB XI). Zentrales Abgrenzungsmerkmal ist dabei neben der Art des (Pflege)Hilfsmittels vor allem die mit der Leistung verfolgte Zielsetzung, die sich an den jeweils unterschiedlichen Versicherungsfällen der sozialen Pflege- und der gesetzlichen Krankenversicherung orientiert (Abb. 12). Hilfsmittel, die als allgemeine Gebrauchsgegenstände des täglichen Lebens anzusehen sind (z. B. feuchtes Toilettenpapier oder elektrisch verstellbare Sessel), fallen generell weder in die Leistungspflicht der Kranken- noch der Pflegeversicherung (§ 33 Abs. 1 Satz 1 SGB V); für deren Anschaffung sind die Versicherten vielmehr selbst zuständig.

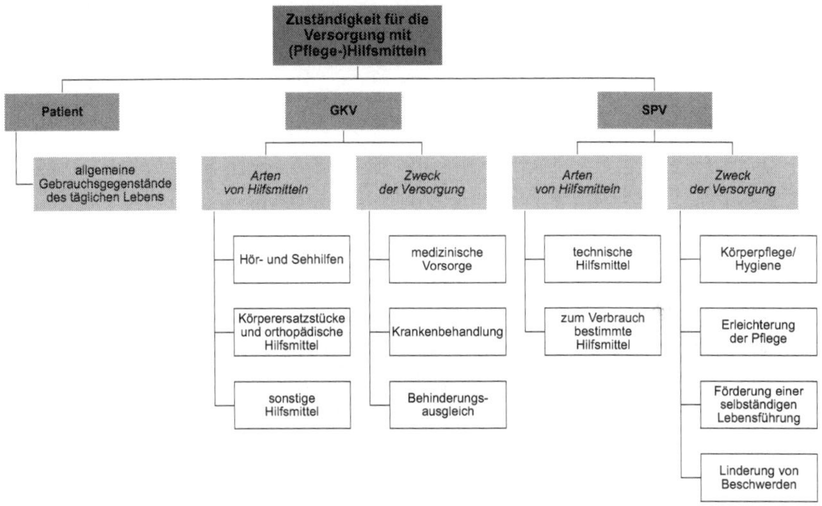

Abb. 12: Zuständigkeiten bei der Versorgung von Pflegebedürftigen mit (Pflege-) Hilfsmitteln

Sofern das erforderliche Hilfsmittel entweder *nur* der Krankenbehandlung bzw. dem Behinderungsausgleich (§ 33 Abs. 1 Satz 1 SGB V) oder *nur* der Minderung der Folgen der Pflegebedürftigkeit dient (§ 40 Abs. 1 Satz 1 SGB XI), kann eine Zuordnung zur gesetzlichen Kranken- bzw. sozialen Pflegeversicherung eindeutig vorgenommen werden. Dementsprechend gehören Hilfsmittel, die ausschließlich aus pflegerischen Gründen eingesetzt werden, zu den Pflegehilfsmitteln der sozialen Pflegeversicherung (z. B.

Pflegebetten); ermöglichen sie dem Pflegebedürftigen dagegen (primär) eine aktive Teilhabe am gesellschaftlichen Leben oder sind sie im Zusammenhang mit der Behandlung einer Krankheit erforderlich, sind sie von der gesetzlichen Krankenversicherung zu finanzieren (z. B. Gehhilfen).

Probleme bei der Zuständigkeitsabgrenzung nach dem Kriterium des Zwecks des erforderlichen Hilfsmittels ergeben sich demgegenüber bei den sog. doppelfunktionalen Hilfsmitteln, also bei Hilfsmitteln, die mehrere Zwecke gleichzeitig verfolgen; so kann bspw. eine Toilettensitzerhörung sowohl dem Behinderungsausgleich (Befriedigung des Grundbedürfnisses nach Ausscheidung) als auch der Erleichterung der Pflege oder der selbständigen Lebensführung dienen. Hier gilt der Grundsatz des § 40 Abs. 1 Satz 1 SGB XI, nach dem die soziale Pflegeversicherung nur dann Pflegehilfsmittel erbringt, wenn sie nicht (gleichzeitig) wegen Krankheit oder Behinderung von der gesetzlichen Krankenversicherung zu leisten sind – die Leistungspflicht der sozialen Pflegeversicherung ist gegenüber der der gesetzlichen Krankenversicherung also subsidiär. Bei der Versorgung der Versicherten mit (Pflege-)Hilfsmitteln, die sowohl den in § 33 SGB V als auch den in § 40 Abs. 1 SGB XI genannten Zwecken dienen können, prüft daher der Leistungsträger, bei dem die Leistung beantragt wird, ob ein Anspruch gegenüber der Kranken- oder der Pflegekasse besteht, und entscheidet entsprechend über die Bewilligung als Hilfsmittel oder als Pflegehilfsmittel (§ 40 Abs. 5 Satz 1 SGB XI).

Da solche Einzelfallprüfungen zum Zweck der Zuständigkeitsklärung einen erheblichen Begutachtungs- und Verwaltungsaufwand verursachen, hat der GKV-Spitzenverband gemäß § 40 Abs. 5 SGB XI *Richtlinien zur Festlegung der doppelfunktionalen Hilfsmittel* (RidoHiMi) erlassen, die für bestimmte Hilfsmittel eine Kostenquotelung zwischen Kranken- und Pflegekassen vorsehen, so dass bei ihnen auf eine klare bzw. individuelle Zuständigkeitsabgrenzung verzichtet werden kann. Dadurch entfällt bei den Kranken- und Pflegekassen die dem Grunde nach erforderliche aufwändige Abgrenzung der Leistungszuständigkeit im Einzelfall. Hinsichtlich der Zuzahlungspflicht sieht § 40 Abs. 5 Satz 7 SGB XI vor, dass bei den doppelfunktionalen Hilfsmitteln die entsprechenden Bestimmungen der gesetzlichen Krankenversicherung gelten, was für die Versicherten mit finanziellen Vorteilen verbunden ist.

3 Erbringung von Gesundheitsleistungen

Nach den einschlägigen leistungsrechtlichen Vorschriften des SGB V und des SGB XI richtet sich der im vorstehenden Kapitel beschriebene Anspruch der Versicherten auf Gesundheitsleistungen direkt gegen den Leistungs- bzw. Kostenträger, also die Kranken- bzw. Pflegekasse. Diese erfüllt die Leistungsansprüche ihrer Versicherten indes in den seltensten Fällen selbst bzw. durch eigene Einrichtungen, wie es zumeist in einem staatlichen Gesundheitssystem der Fall ist, oder im Wege der Kostenerstattung, welche ein prägendes Merkmal der privaten Kranken- bzw. Pflegeversicherung ist. Vorherrschend ist vielmehr die Leistungserbringung nach dem sog. Sachleistungsprinzip durch rechtlich und wirtschaftlich selbständige Leistungserbringer, die durch unterschiedlichste Vereinbarungen mit den Kostenträgern zur Versorgung der gesetzlich versicherten Patienten berechtigt und verpflichtet sind und dafür von ihnen entsprechend honoriert werden (▶ Kap. 3.2 bzw. Kap. 3.3). Dabei ist das deutsche Gesundheitswesen insgesamt gekennzeichnet durch eine stark ausgeprägte sektorenspezifische sowie personelle Aufgaben- bzw. Arbeitsteilung, die sich in der Mannigfaltigkeit der institutionellen Leistungserbringer und der dort tätigen Gesundheitsfachberufe widerspiegelt (▶ Kap. 3.1).

3.1 Aufgaben- und Arbeitsteilung bei der Leistungserbringung

Achterfeld, Claudia: Aufgabenverteilung im Gesundheitswesen. Rechtliche Rahmenbedingungen der Delegation ärztlicher Leistungen, Berlin und Heidelberg 2014 | *Bergmann*, Karl Otto: Delegation und Substitution ärztlicher Leistungen auf/durch nichtärztliches Personal, in: Medizinrecht 2009, 1–10 | *Preusker*, Uwe K.: Das deutsche Gesundheitssystem verstehen. Strukturen und Funktionen im Wandel, Heidelberg 2. Aufl. 2015 | *Rosenbrock*, Rolf und *Gerlinger*, Thomas: Gesundheitspolitik. Eine systematische Einführung, Bern 3. Aufl. 2014 | *Simon*, Michael: Das Gesundheitssystem in Deutschland. Eine Einführung in Struktur und Funktionsweise, Bern 6. Aufl. 2017.

Im deutschen Gesundheitssystem ist die Struktur der Anbieter von Gesundheitsleistungen stark fragmentiert und in doppelter Hinsicht ausdifferenziert: Zu unterscheiden ist vor allem zwischen der institutionellen Aufgabenverteilung im Gesundheitswesen (▶ Kap. 3.1.1) und der personellen Arbeitsteilung unter den Angehörigen der sog. Heil- oder Gesundheitsfachberufe (▶ Kap. 3.1.2). Wichtiger Vorteil dieser historisch gewachsenen Aufgaben-

und Arbeitsteilung ist die Steigerung der Versorgungsqualität durch eine ausgeprägte sektorenspezifische Fachqualifikation der einzelnen institutionellen leistungserbringenden Akteure einerseits sowie die berufsspezialisierte Professionalisierung der unterschiedlichen personellen leistungserbringenden Akteure andererseits. Zu den Nachteilen sind auf institutioneller Ebene vor allem Schnittstellenprobleme zu nennen, die sich in der Versorgung eines Patienten beim Übergang zwischen unterschiedlichen Versorgungsbereichen und -ebenen ergeben können; hier wird durch sog. Neue Versorgungsformen der Versuch unternommen, die systembedingten Unzulänglichkeiten der Patientenversorgung durch spezifische Maßnahmen des Versorgungsmanagements auszugleichen. Auf der Ebene der personellen Arbeitsteilung spielt die Frage nach den Kompetenzen und Zuständigkeiten der einzelnen Gesundheitsfachberufe eine zentrale (juristische) Rolle (Wer darf mit welcher Qualifikation welche Behandlungs- bzw. Pflegemaßnahmen durchführen?); hier sind zunächst die einzelnen Tätigkeitsbereiche voneinander abzugrenzen, um dann klären zu können, inwieweit dem Grunde nach ärztliche Tätigkeiten an Angehörige nicht-ärztlicher Gesundheitsfachberufe übertragen werden können.

3.1.1 Institutionelle Aufgabenteilung

3.1.1.1 Versorgungsebenen und Versorgungsbereiche

Bei den institutionellen leistungserbringenden Akteuren im Gesundheitswesen handelt es sich im Wesentlichen um diejenigen, die im Vierten Kapitel des SGB V bzw. im Siebten Kapitel des SGB XI benannt sind (Tab. 8). Dementsprechend lassen sie sich zunächst entweder dem großen Versorgungsbereich der in diesem Sinne weit zu verstehenden Krankenbehandlung als Leistungskomplex der gesetzlichen Krankenversicherung oder dem Bereich der in die Zuständigkeit der sozialen Pflegeversicherung fallenden pflegerischen Versorgung der Versicherten zuordnen. Dabei handelt es sich indes um eine eher idealtypische Einteilung: So können bspw. Pflegedienste neben den Pflegesachleistungen nach § 36 SGB XI auch Maßnahmen der häuslichen Krankenpflege nach § 37 SGB V erbringen (▶ Kap. 2.3.2); Hilfsmittelerbringer können einerseits Leistungen nach § 33 SGB V, andererseits aber auch nach § 40 SGB XI zur Verfügung stellen (▶ Kap. 2.3.3). Darüber hinaus ist sowohl in der Krankenbehandlung als auch in der Pflege zwischen einer ambulanten und einer stationären Versorgungsebene zu unterscheiden, wobei es auch hier Überschneidungen gibt; so können etwa Krankenhäuser unter bestimmten Voraussetzungen auch ambulante Operationen anbieten (☞ § 115b SGB V); niedergelassenen Ärzten kann die Möglichkeit gegeben werden, in Krankenhäusern sog. belegärztliche Leistungen zu erbringen (☞ § 121 SGB V). Im Bereich der ambulanten Krankenbehandlung sind in institutionell getrennter Weise schließlich unterschiedliche ärztliche und nicht-ärztliche Leistungserbringer tätig, deren Professionen sich nicht nur sozial-, sondern auch berufsrechtlich unterscheiden lassen; prägend ist hier vor allem der sog. Arztvorbehalt nach § 15 Abs. 1 und § 28 Abs. 1 SGB V, nach dem medizinische Hilfeleistungen durch nicht-ärztliche Personen grundsätzlich von einem Arzt zu verordnen und zu verantworten sind (▶ Kap. 2.1.2.1).

		Versorgungsbereiche		
		Krankenbehandlung		*Pflege*
		ärztlich	nicht-ärztlich	
Versorgungsebene	*ambulant*	Hausärzte Fachärzte Zahnärzte Psychotherapeuten	Heilmittelerbringer Hilfsmittelerbringer Apotheken Krankentransportdienste etc.	Pflege- dienste
	stationär	Krankenhäuser Rehabilitationseinrichtungen Hospize		Pflegeheime

Tab. 8: Institutionelle Aufgabenverteilung im Gesundheitswesen

3.1.1.2 Exkurs: „Neue" Versorgungsformen

Auch wenn der insgesamt hohe Grad der institutionellen Aufgabenteilung im Gesundheitswesen dem Grunde nach zu einer gewissen Spezialisierung und Professionalisierung der Patientenversorgung beitragen soll, kann er gerade an den Schnittstellen der Versorgungsebenen und -bereiche auch zu ungewollten negativen Effekten führen; hier kann es insbesondere bei einem schlechten Schnittstellen- bzw. Versorgungsmanagement zu einem ineffektiven und/oder ineffizienten Ressourceneinsatz kommen (so auch *Ries* et al. 2017, 71). Um etwa Doppeluntersuchungen oder Informationsverluste zu vermeiden und die Kooperation der unterschiedlichen Leistungserbringer sowie die Koordination der einzelnen Behandlungsmaßnahmen zu erhöhen, bietet das Gesetz die Möglichkeit einer Vernetzung der verschiedenen Versorgungssektoren (Tab. 9) (hierzu ebenfalls *Ries* et al. 2017, 71 ff.); zu unterscheiden ist in diesem Zusammenhang eine horizontale Vernetzung der Leistungserbringer in einzelnen Versorgungsbereichen sowie deren vertikale Vernetzung auf den beiden Versorgungsebenen.

	Besondere (integrierte) Versorgung	Hausarztzentrierte Versorgung	Strukturierte Behandlungsprogramme	Medizinische Versorgungszentren
Grundlage	§ 140a SGB V	§ 73b SGB V	§§ 137f f. SGB V	§ 95 Abs. 1a SGB V
Ziel	Überwindung von sektoralen Schnittstellenproblemen	Stärkung der Lotsenfunktion des Hausarztes	Verbesserung der Versorgung chronisch Kranker	Schaffung neuer ambulanter Versorgungsstrukturen
Vertragspartner bzw. Träger oder Gründer	Krankenkassen und zugelassene Leistungserbringer (v.a. Ärzte, Krankenhäuser, Heil- und Hilfsmittelerbringer und deren Gemeinschaften, Pflegeeinrichtungen, pharmazeutische Unternehmen, Hersteller von Medizinprodukten etc.)	Krankenkassen und Gemeinschaften der Hausärzte	Krankenkassen und Leistungserbringer bzw. deren Verbände (v.a. KVen und Krankenhäuser)	zugelassene Ärzte und Krankenhäuser, Dialysezentren, Praxisnetze, Kommunen
Vertragsform bzw. Zulassung	Einzelvertrag	Einzelvertrag	Zulassung durch das Bundesversicherungsamt	Zulassung zur ambulanten Versorgung durch die KV
Patientenbeteiligung	freiwilliges Einschreibeverfahren	freiwilliges Einschreibeverfahren	freiwilliges Einschreibeverfahren	Inanspruchnahme im Rahmen der freien Arztwahl
Wahltarif (§ 53 SGB V)	Prämienzahlung/Zuzahlungsermäßigung als Satzungsleistung möglich	Prämienzahlung/Zuzahlungsermäßigung als verpflichtende Satzungsleistung	Prämienzahlung/Zuzahlungsermäßigung als Satzungsleistung möglich	nicht möglich

Tab. 9: Neue Versorgungsformen im Gesundheitswesen im Vergleich

Die sog. *besondere* (oder auch: *integrierte*) *Versorgung* nach ☞ § 140a SGB V ist ein Konzept des *case managements*, bei dem durch eine sowohl horizontale als auch vertikale Vernetzung einzelner Leistungserbringer der komplexe Leistungs- und Behandlungsbedarf eines Patienten individuell und umfassend koordiniert werden soll. Hierzu können die Krankenkassen sog. Selektivverträge mit unterschiedlichsten Leistungserbringern schließen, in denen auch die Vergütung der erbrachten Leistungen zu vereinbaren ist. Da diese regelmäßig nach Leistungskomplexen, Behandlungsfällen oder Budgets außerhalb der regulären Vergütungsstrukturen erfolgt (▶ Kap. 3.2.1.3), bietet das den Leistungserbringern neben der vertieften Kooperation mit anderen Berufsgruppen des Gesundheitswesens vor allem die Möglichkeit der Erschließung neuer Honorarquellen. Für die Patienten ist die Teilnahme an der besonderen Versorgung freiwillig, sie können neben einer besseren medizinischen Versorgung auch von den Wahltarifen nach ☞ § 53 Abs. 3 SGB V profitieren, die die Krankenkassen entsprechend anbieten müssen.

Die *hausarztzentrierte Versorgung* nach ☞ § 73b SGB V folgt der Idee des *gate keeping*. Hierbei verpflichtet sich der Versicherte gegenüber seiner Krankenkasse, nur einen von ihm gewählten Hausarzt in Anspruch zu nehmen und Fachärzte nur auf dessen Überweisung zu konsultieren (mit Ausnahme von Augenärzten, Frauenärzten und Kinderärzten). Der Hausarzt, der insofern als eine Art Pförtner den Weg in einzelne andere Versorgungsbereiche weisen soll, ist dabei vor allem verpflichtet, gewisse Qualitätsstandards und hausärztliche Leitlinien einzuhalten sowie an bestimmten Fortbildungen teilzunehmen; sofern mit der Krankenkasse eine Vergütung außerhalb der regulären Vergütungsstrukturen vereinbart worden ist (▶ Kap. 3.2.1.3), kann er sich durch die separate Honorierung der erbrachten Leistungen neue Einnahmequellen sichern. Für die Versicherten ist die Teilnahme an der hausarztzentrierten Versorgung freiwillig, allerdings sind sie an die Wahl des Hausarztes grundsätzlich ein Jahr gebunden; zudem profitieren sie auch hier von einem obligatorischen Wahltarif nach ☞ § 53 Abs. 3 SGB V.

Die *strukturierten Behandlungsprogramme* nach ☞ §§ 137f f. SGB V basieren auf dem Gedanken des *disease managements*, bei dem die Behandlung bestimmter Erkrankungen durch eine Standardisierung von Behandlungsabläufen nach neuesten wissenschaftlichen Erkenntnissen gesteuert werden soll. Es ist dabei die Aufgabe des G-BA, geeignete chronische Krankheiten festzulegen, für die evidenzbasierte Therapieempfehlungen existieren; als Beispiele hierfür können die Krankheitsbilder Diabetes mellitus, Brustkrebs, koronare Herzkrankheit oder Asthma genannt werden. Die Teilnahme an einem solchen Behandlungsprogramm ist sowohl für den Arzt als auch für den Patienten freiwillig; beide sind allerdings in der Behandlung bzw. im Umgang mit der jeweiligen Erkrankung entsprechend zu schulen. Der Arzt profitiert darüber hinaus von einer zusätzlichen Vergütung für den besonderen Betreuungs- und Dokumentationsaufwand, der Patient erneut von einem Wahltarif nach ☞ § 53 Abs. 3 SGB V.

Bei den *Medizinischen Versorgungszentren* nach ☞ § 95 Abs. 1a SGB V handelt es sich um ärztlich geleitete Einrichtungen, in denen Ärzte als freiberufliche Vertragsärzte und/oder als angestellte Ärzte fachgleich oder fachübergreifend tätig sind. Sie können unter anderem von zugelassenen Ärzten, von zugelassenen Krankenhäusern oder von Kommunen gegründet werden und bilden so eine Möglichkeit vor allem der horizontalen, aber auch vertikalen Vernetzung von Leistungserbringern. Indem die Medizinischen Versorgungszentren i. d. R. fachübergreifende Leistungen „aus einer Hand und unter einem Dach" zur Verfügung stellen und die dort tätigen Leistungserbringer eng zusammenarbeiten, werden die Behandlungsziele und die Therapiepläne für die einzelnen Patienten im Allgemeinen eng miteinander abgestimmt, wodurch Doppeluntersuchungen und -therapien, abweichende Diagnosen oder widersprüchliche Medikationen vermieden werden können. Durch die gemeinschaftliche Nutzung von Räumen, Personal und technischen Geräten können zudem Zeit und Betriebskosten eingespart werden.

3.1.2 Personelle Arbeitsteilung

3.1.2.1 Heil- und Fachberufe im Gesundheitswesen

Das Spektrum der im Gesundheitswesen anzutreffenden Heil- und Fachberufe reicht sprichwörtlich von A (wie Arzt) bis Z (wie Zahntechniker). Dabei ist die Arbeitsteilung zwischen diesen personellen Akteuren der Gesundheitsversorgung zum einen durch die Sektorenspezifizierung der Leistungserbringung vorgegeben; zu denken ist etwa an die Ausdifferenzierung der ambulanten Krankenbehandlung durch Ärzte einerseits und nichtärztliche Heilmittelerbringer, wie etwa Logopäden, Physiotherapeuten oder Ergotherapeuten andererseits (▶ Kap. 3.1.1). Zum anderen arbeiten Angehörige unterschiedlicher Gesundheitsprofessionen auch innerhalb von institutionellen Gesundheitseinrichtungen arbeitsteilig zusammen; beispielhaft zu nennen sind etwa Krankenhäuser, in denen sowohl Ärzte als auch Pflegefachkräfte und Therapeuten beschäftigt werden, oder Arztpraxen bzw. Medizinische Versorgungszentren, in denen neben Ärzten regelmäßig auch Medizinische Fachangestellte tätig sind.

Dabei kommt den Ärzten in gewisser Weise eine Schlüsselrolle zu. Nach § 1 Abs. 1 BÄO bzw. MBO-Ä dienen Ärzte der Gesundheit der einzelnen Menschen und der gesamten Bevölkerung. Nach § 1 Abs. 2 MBO-Ä ist es ihre Aufgabe, „das Leben zu erhalten, die Gesundheit zu schützen und wiederherzustellen, Leiden zu lindern, Sterbenden Beistand zu leisten und an der Erhaltung der natürlichen Lebensgrundlagen im Hinblick auf ihre Bedeutung für die Gesundheit der Menschen mitzuwirken"; § 2 Abs. 5 BÄO spricht allgemeiner von der „Ausübung der Heilkunde", welche in § 1 Abs. 2 HeilprG legaldefiniert wird.

Heilkunde

Ausübung der Heilkunde ... ist jede berufs- oder gewerbsmäßig vorgenommene Tätigkeit zur Feststellung, Heilung oder Linderung von Krankheiten, Leiden oder Körperschäden bei Menschen, auch wenn sie im Dienste von anderen ausgeübt wird.

(§ 1 Abs. 2 HeilprG)

Entsprechend diesem umfassenden Heilauftrag ist die Krankenbehandlung für Versicherte der gesetzlichen Krankenversicherung grundsätzlich den hierzu zugelassenen Ärzten vorbehalten (▶ Kap. 2.1.2.1). Dieser sog. Arztvorbehalt ergibt sich dabei vor allem aus § 15 Abs. 1 sowie § 28 Abs. 1 SGB V und bedeutet unter anderem, dass andere Leistungen der gesetzlichen Krankenversicherung, wie etwa die Versorgung mit Arznei- oder Hilfsmitteln, Rehabilitationsmaßnahmen oder Krankentransporte grundsätzlich nur aufgrund der Verordnung eines Arztes erbracht werden können (☞ § 73 Abs. 2 SGB V). Diese leistungserbringenden Akteure sind in aller Regel wiederum Angehörige eines sog. nicht-ärztlichen Heilberufs (z. B. Apotheker, Logopäden, Physiotherapeuten oder Notfallsanitäter) oder eines sog. Fachberufs für ein Gesundheitshandwerk (z. B. Augenoptiker, Orthopädiemechaniker oder Zahntechniker) (hierzu etwa *Zöller* 2014).

Demgegenüber handelt es sich bei dem Beruf des Medizinischen Fachangestellten um einen Assistenzberuf, dessen Angehörige zur Unterstützung der ärztlichen Heilungsbemühungen befähigt werden sollen. Das Berufsbild wird in § 4 MedFAngAusbV skizziert, in dem diejenigen Aufgabenbereiche aufgeführt werden, in denen die Auszubildenden die zur Berufsausübung erforderlichen Fertigkeiten, Kenntnisse und Fähigkeiten erwerben sollen (Tab. 10); die in diesem Zusammenhang zu vermittelnden Kompetenzen werden in den Anlagen 1 und 2 der Ausbildungsverordnung beschrieben.

Gegenstände der Berufsausbildung zum Medizinischen Fachangestellten	
Ausbildungsbetrieb	▪ Berufsbildung, Arbeits- und Tarifrecht ▪ Stellung des Ausbildungsbetriebes im Gesundheitswesen ▪ Anforderungen an den Beruf ▪ Organisation und Rechtsform des Ausbildungsbetriebes ▪ gesetzliche und vertragliche Bestimmungen der medizinischen Versorgung ▪ Umweltschutz
Gesundheitsschutz und Hygiene	▪ Sicherheit und Gesundheitsschutz bei der Arbeit ▪ Maßnahmen der Arbeits- und Praxishygiene ▪ Schutz vor Infektionskrankheiten
Kommunikation	▪ Kommunikationsformen und -methoden ▪ Verhalten in Konfliktsituationen
Patientenbetreuung und -beratung	▪ Betreuen von Patienten und Patientinnen ▪ Beraten von Patienten und Patientinnen
Betriebsorganisation und Qualitätsmanagement	▪ Betriebs- und Arbeitsabläufe ▪ Qualitätsmanagement ▪ Zeitmanagement ▪ Arbeiten im Team ▪ Marketing
Verwaltung und Abrechnung	▪ Verwaltungsarbeiten ▪ Materialbeschaffung und -verwaltung ▪ Abrechnungswesen
Information und Dokumentation	▪ Informations- und Kommunikationssysteme ▪ Dokumentation ▪ Datenschutz und Datensicherheit
Durchführen von Maßnahmen bei Diagnostik und Therapie unter Anleitung und Aufsicht des Arztes	▪ Assistenz bei ärztlicher Diagnostik ▪ Assistenz bei ärztlicher Therapie ▪ Umgang mit Arzneimitteln, Sera und Impfstoffen sowie Heil- und Hilfsmitteln
Grundlagen der Prävention und Rehabilitation	
Handeln bei Not- und Zwischenfällen	

Tab. 10: Berufsbild des Medizinischen Fachangestellten

Im Gegensatz dazu üben Pflegefachkräfte einen eigenständigen Heilberuf aus. Ihre Aufgaben werden in § 5 Abs. 3 PflBG umschrieben (hierzu insgesamt *Kostorz* 2019b, 39 ff.). Danach sollen sie vor allem bestimmte pflegerische Tätigkeiten selbstständig, also in eigener Verantwortung ausführen; hierzu gehören nach § 5 Abs. 3 Nr. 1 PflBG die folgenden Aufgaben:

- Erhebung und Feststellung des individuellen Pflegebedarfs und Planung der Pflege
- Organisation, Gestaltung und Steuerung des Pflegeprozesses
- Durchführung der Pflege und Dokumentation der angewendeten Maßnahmen
- Analyse, Evaluation, Sicherung und Entwicklung der Qualität der Pflege
- Bedarfserhebung und Durchführung präventiver und gesundheitsfördernder Maßnahmen
- Beratung, Anleitung und Unterstützung von zu pflegenden Menschen bei der individuellen Auseinandersetzung mit Gesundheit und Krankheit sowie bei der Erhaltung und Stärkung der eigenständigen Lebensführung und Alltagskompetenz unter Einbeziehung ihrer sozialen Bezugspersonen
- Erhaltung, Wiederherstellung, Förderung, Aktivierung und Stabilisierung individueller Fähigkeiten der zu pflegenden Menschen insbesondere im Rahmen von Rehabilitationskonzepten sowie die Pflege und Betreuung bei Einschränkungen der kognitiven Fähigkeiten
- Einleitung lebenserhaltender Sofortmaßnahmen bis zum Eintreffen der Ärztin oder des Arztes und Durchführung von Maßnahmen in Krisen- und Katastrophensituationen
- Anleitung, Beratung und Unterstützung von anderen Berufsgruppen und Ehrenamtlichen in den jeweiligen Pflegekontexten sowie Mitwirkung an der praktischen Ausbildung von Angehörigen von Gesundheitsberufen

Dabei handelt es sich bei der Erhebung und Feststellung des individuellen Pflegebedarfs sowie der Planung der Pflege, der Organisation, Gestaltung und Steuerung des Pflegeprozesses sowie der Analyse, Evaluation, Sicherung und Entwicklung der Qualität der Pflege um sog. Vorbehaltsaufgaben, die ausschließlich von Pflegefachmännern und Pflegefachfrauen durchgeführt werden dürfen (§ 4 PflBG). Darüber hinaus sollen Pflegefachkräfte ärztlich angeordnete Maßnahmen, wie etwa Maßnahmen der medizinischen Diagnostik, Therapie oder Rehabilitation eigenständig durchführen (§ 5 Abs. 3 Nr. 2 PflBG) und interdisziplinär mit anderen Berufsgruppen fachlich kommunizieren sowie effektiv zusammenarbeiten (§ 5 Abs. 3 Nr. 3 PflBG).

Das Ziel der Ausbildung zu einem Heilberuf im Bereich der Therapie (Logopädie, Physiotherapie bzw. Ergotherapie) lässt sich demgegenüber nur schwer juristisch fassen, da die entsprechenden Berufsgesetze bzw. Ausbildungsverordnungen keine mit § 5 PflBG vergleichbaren Bestimmungen zum

Ausbildungsziel enthalten. Lediglich § 8 MPhG bestimmt für die Ausbildung in der Physiotherapie etwas unspezifisch, dass die Ausbildung „insbesondere dazu befähigen [soll], durch Anwenden geeigneter Verfahren der Physiotherapie in Prävention, kurativer Medizin, Rehabilitation und im Kurwesen Hilfen zur Entwicklung, zum Erhalt oder zur Wiederherstellung aller Funktionen im somatischen und psychischen Bereich zu geben und bei nicht rückbildungsfähigen Körperbehinderungen Ersatzfunktionen zu schulen". In der Logopädie und der Ergotherapie lässt sich das Ausbildungsziel und das daraus abzuleitende Berufsbild bestenfalls aus den nach den Anlagen zu den Ausbildungs- und Prüfungsverordnungen zu vermittelnden Ausbildungsinhalten herleiten, die aufgrund des *Gesetzes über den Beruf des Logopäden* (LogopG) bzw. des *Ergotherapeutengesetzes* (ErgThG) erlassen worden sind (§ 1 Abs. 1 i. V. m. Anlage 1 LogAprO bzw. ErgThAPrV, entsprechend PhysThAPrV). Eine Orientierung zum Tätigkeitsprofil der Therapieberufe bieten darüber hinaus die Verträge, die nach § 125 SGB V zwischen den Krankenkassen und den Verbänden der Heilmittelerbringer über die Einzelheiten der Versorgung mit Heilmitteln zu schließen sind und die unter anderem Regelungen zum konkreten Inhalt therapeutischer Maßnahmen enthalten müssen (☞ § 125 Abs. 2 Nr. 4 SGB V).

3.1.2.2 Exkurs: Delegation und Substitution ärztlicher Maßnahmen

Trotz der exponierten Stellung des Arztes für die Heil- bzw. Krankenbehandlung besteht nicht in allen Fällen die Pflicht, derartige Leistungen höchstpersönlich zu erbringen. Dementsprechend bestimmen bspw. auch § 15 Abs. 1 SGB V und § 28 Abs. 1 SGB V, dass zur ärztlichen Behandlung auch Hilfeleistungen anderer Personen gehören, die vom Arzt angeordnet (und verantwortet) werden (sog. Arztvorbehalt [▶ Kap. 2.1.2.1]). Besonders praxisrelevant ist dabei die sog. Delegation ärztlicher Leistungen, also die Übertragung entsprechender Maßnahmen auf nichtärztliches medizinisches Personal, wie etwa auf Medizinische Fachangestellte oder Pflegefachkräfte, die hierfür in ihrer Ausbildung entsprechend qualifiziert worden sind (Abb. 13) (▶ Kap. 3.1.2.1). Arbeitsrechtlich ist diese Form der Arbeitsteilung bei eigenen Mitarbeitern aufgrund des Direktionsrechts des Arbeitsgebers nach ☞ § 315 BGB bzw. ☞ § 106 GewO möglich; in anderen Fällen – wie etwa im Krankenhaus – kann dieses Weisungsrecht gegenüber dem nichtärztlichen Personal vom Arbeitgeber mittels Dienstanweisung auch an die für ihn tätigen Ärzte übertragen werden, so dass diese dann entsprechende Handlungsanweisungen gegenüber den nichtärztlichen Mitarbeitern treffen können.

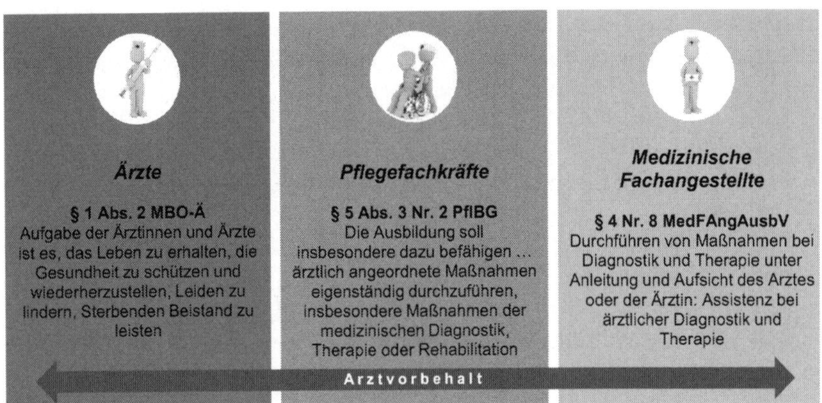

Abb. 13: Personelle Arbeitsteilung zwischen Ärzten und nichtärztlichem Personal

Dabei ist insgesamt zwischen nicht delegationsfähigen, im Einzelfall delegierbaren und generell delegationsfähigen Maßnahmen zu unterscheiden (hierzu etwa *Großkopf/Klein* 2019, 209 ff.). Bei den nicht delegationsfähigen Maßnahmen handelt es sich um Tätigkeiten, die aufgrund ihrer Komplikationsdichte und ihrer Gefährdungsnähe in jedem Fall einem Arzt vorbehalten bleiben müssen; als Beispiele können hier operative Eingriffe, die Entscheidung über therapeutische Maßnahmen oder die (vor allem erstmalige) Gabe von Arzneimitteln mit häufiger auftretenden Nebenwirkungen genannt werden. Demgegenüber fallen unter die generell delegationsfähigen Maßnahmen diejenigen Tätigkeiten, für die der Ausführende aufgrund seiner Berufsausbildung (formell) qualifiziert ist, er also sicher über die entsprechenden Kompetenzen zur Durchführung der delegierten Maßnahme verfügt; dies können bei Pflegefachkräften und Medizinischen Fachangestellten etwa einfache Verbandwechsel oder subkutane Injektionen sein.

Etwas schwerer zu fassen sind die im Einzelfall delegierbaren Leistungen. Hier muss zunächst klar sein, dass die Maßnahme, die delegiert werden soll, insofern eine vertretbare Komplikationsdichte und Gefährdungsnähe aufweist, als sie aus medizinischer Sicht nicht unbedingt ein persönliches Tätigwerden des Arztes erfordert. Ist dies der Fall, kann die Maßnahme delegiert werden, allerdings nur an nichtärztliches Personal, das im Sinne subjektiver Fähigkeiten über eine ausreichende Qualifikation zur Durchführung der Maßnahme verfügt. Im Gegensatz zur Übertragung generell delegierbarer Maßnahmen reicht hier eine formelle Qualifikation des Anordnungsadressaten, also der Nachweis einer abgeschlossenen befähigenden Berufsausbildung nicht aus, vielmehr muss der Ausführende auch materiell qualifiziert sein, also tatsächlich über die zur Durchführung der entsprechenden Maßnahme erforderlichen Fähigkeiten und Fertigkeiten verfügen. Hiervon hat sich der delegierende Arzt zu überzeugen und den Delegationsempfänger gegebenenfalls (zusätzlich bzw. zunächst) entsprechend anzuleiten. Zudem muss er die Durchführung der delegierten Maßnahme angemessen überwachen und für den Fall des Eintretens von Komplikationen eine gewisse Rufpräsenz zeigen. Zu diesen Maßnahmen gehören etwa venöse Blutentnahmen und das Anlegen von Infusionen oder anspruchsvolleren Verbänden.

Dabei trägt der delegierende Arzt stets die Anordnungs- und die Führungsverantwortung, also die haftungsrechtliche Schuldigkeit dafür, dass die richtige Maßnahme an den richtigen Adressaten delegiert wird und dass der Ausführende zuvor korrekt angeleitet und überwacht worden ist. Der Delegationsempfänger wiederum trägt zunächst die Übernahmeverantwortung. In deren Rahmen muss er einschätzen, ob die delegierte Maßnahme fachlich korrekt ist und ob er im Sinne einer kritischen Selbstreflexion tatsächlich in der Lage ist, diese fehlerfrei auszuführen. Sofern ihm dabei Bedenken kommen, hat er die Pflicht bzw. das Recht zur Remonstration, also zum Erheben von Einwendungen gegen die Delegation bzw. die delegierte Maßnahme. Zudem haftet er im Rahmen der Durchführungsverantwortung dafür, dass die delegierte Maßnahme schlussendlich korrekt von ihm durchgeführt wird. Die Haftung des delegierenden Arztes bzw. des nichtärztlichen Delegationsempfängers wird dabei sowohl durch eine vorsätzliche, als auch durch eine fahrlässige Pflichtverletzung begründet (▶ Kap. 4.3).

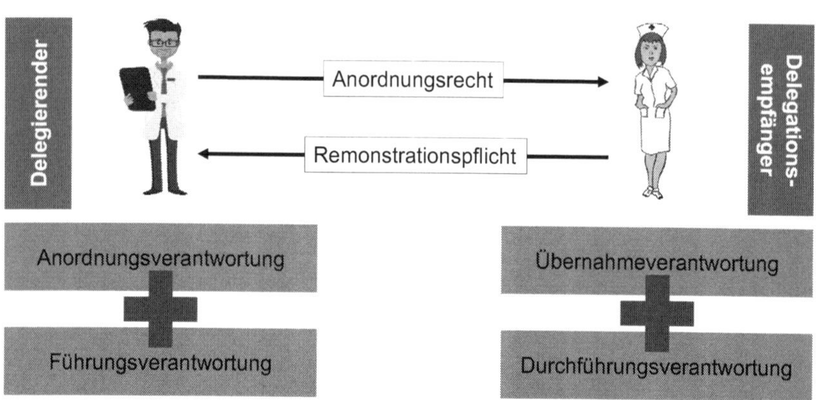

Abb. 14: Verantwortungsbeziehungen bei der Delegation ärztlicher Leistungen

Von der Delegation ärztlicher Maßnahmen abzugrenzen ist deren Substitution, also die Übertragung der eigenverantwortlichen Auswahl und Durchführung einer dem Grunde nach ärztlichen Tätigkeit auf nichtärztliches

Personal. Eine solche Substitution ist derzeit nur im Rahmen von Modellvorhaben nach ☞ § 63 Abs. 3b und 3c SGB V möglich (hierzu etwa *Heberlein* 2012); Substitutionsadressaten können danach ausschließlich Pflegefachkräfte sein. Diese können nach § 63 Abs. 3b SGB V unter anderem ermächtigt werden, die Verordnung von Verbandsmitteln und Pflegehilfsmitteln sowie die inhaltliche Ausgestaltung der häuslichen Krankenpflege einschließlich deren Dauer eigenständig vorzunehmen.

Zudem können Modellvorhaben nach § 63 Abs. 3c SGB V eine Übertragung von ärztlichen Tätigkeiten vorsehen, bei denen es sich um die selbständige Ausübung von Heilkunde handelt. Voraussetzung hierfür ist, dass die Pflegefachkraft, die die ärztliche Tätigkeit übernehmen soll, nach ☞ § 14 PflBG hierfür ausgebildet worden ist; sie kann dann entsprechend in eigener fachlicher, wirtschaftlicher und rechtlicher Verantwortung tätig werden. Der G-BA hat in der sog. Heilkundeübertragungsrichtlinie festgelegt, bei welchen Tätigkeiten eine Übertragung von heilkundlichen Maßnahmen auf Pflegefachkräfte erfolgen kann. Diesbezüglich wird zwischen diagnosebezogenen und prozedurenbezogenen Tätigkeiten unterschieden. Zu den in der Richtlinie gelisteten Diagnosen gehören bspw. Diabetes mellitus, chronische Wunden oder Demenz; zu den prozedurenbezogenen Tätigkeiten führt der Katalog etwa die Anlage und die Versorgung einer Magensonde oder die Versorgung und den Wechsel eines Blasenkatheters auf. In beiden Fällen werden in tabellarischer Form die Art und der Umfang der übertragbaren ärztlichen Tätigkeiten sowie die hierzu erforderlichen Zusatzqualifikationen nach § 14 PflBG benannt. Die Indikations- und Diagnosestellung muss dabei allerdings stets in ärztlicher Hand bleiben („Substitution light“).

3.2 Leistungserbringung im System der gesetzlichen Krankenversicherung

Dettling, Heinz-Uwe und *Gerlach*, Alice (Hrsg.): Krankenhausrecht. Kommentar, München 2. Aufl. 2018 | *Huster*, Stefan und *Kaltenborn*, Markus (Hrsg.): Krankenhausrecht. Praxishandbuch zum Recht des Krankenhauswesens, München 2. Aufl. 2017 | *Schnapp*, Friedrich E. und *Wigge*, Peter (Hrsg.): Handbuch des Vertragsarztrechts. Das gesamte Kassenarztrecht, München 3. Aufl. 2017 | *Sodan*, Helge (Hrsg.): Handbuch des Krankenversicherungsrechts, München 3. Aufl. 2018.

Um Leistungen zu Lasten der gesetzlichen Krankenversicherung erbringen zu können, müssen Anbieter von Gesundheitsleistungen hierzu ermächtigt bzw. zugelassen werden. Dies ist die Grundvoraussetzung dafür, dass Leistungen nach dem SGB V an gesetzlich Krankenversicherte abgegeben und im

Anschluss entsprechend in Rechnung gestellt werden können. Dabei wird sowohl die Zulassung zur Leistungserbringung als auch die Honorierung der erbrachten Leistungen durch das sog. Leistungserbringungsverhältnis zwischen den Leistungserbringern und den Krankenkassen als Kosten- bzw. Leistungsträgern reglementiert. Im Folgenden werden beide Aspekte für die wichtigsten Leistungserbringer der gesetzlichen Krankenversicherung dargestellt; schwerpunktmäßig behandelt werden dabei die Vertragsärzte (▶ Kap. 3.2.1) und die Krankenhäuser (▶ Kap. 3.2.2). Bei der Zulassung und Honorierung der Vertragsärzte besteht dabei die Besonderheit, dass das leistungsrechtliche Dreiecksverhältnis (▶ Kap. 1) um einen weiteren Akteur erweitert wird: Eine zentrale Rolle spielen hier die Kassenärztlichen Vereinigungen, die grundsätzlich auf Landesebene organisiert sind und als eine Art Sachwalter für die Vertragsärzte zwischen ihnen und den Krankenkassen agieren. Im Bereich der Versorgung der Bevölkerung mit Krankenhausleistungen kommt demgegenüber den Bundesländern eine hohe Bedeutung zu, da sie die sog. Infrastrukturverantwortung für eine zweckmäßige Krankenhauslandschaft und eine ausreichende Anzahl an Pflegebetten tragen.

3.2.1 Vertragsärzte

3.2.1.1 Zulassung zur Leistungserbringung

Grundvoraussetzung für die Zulassung zur vertragsärztlichen Versorgung ist nach § 95 Abs. 2 SGB V die Eintragung in das sog. Arztregister, das von der jeweils zuständigen Kassenärztlichen Vereinigung geführt wird. Diese Eintragung wiederum ist nach § 95a Abs. 1 SGB V nur dann möglich, wenn der Arzt approbiert ist und zudem eine Facharztbezeichnung führt (etwa Facharzt für Allgemeinmedizin, innere Medizin, Augenheilkunde oder Haut- und Geschlechtskrankheiten); das Nähere regeln die Zulassungsverordnungen der einzelnen Kassenärztlichen Vereinigungen. Die Approbation setzt nach § 3 Abs. 1 BÄO sowie der *Approbationsordnung für Ärzte* (ÄApprO) voraus, dass der Antragsteller die gesetzlich vorgeschriebene Ausbildung absolviert und die ärztliche Prüfung bestanden hat, er sich keines Verhaltens schuldig gemacht hat, aus dem sich seine Unwürdigkeit oder Unzuverlässigkeit zur Ausübung des ärztlichen Berufs ergibt (etwa das Begehen von Straftaten, die in unmittelbarem Zusammenhang mit der beruflichen Tätigkeit als Arzt stehen), er in gesundheitlicher Hinsicht zur Ausübung des Berufs geeignet ist (z. B. keine Alkohol- oder Drogensucht) und er über die für die Ausübung der Berufstätigkeit erforderlichen Kenntnisse der deutschen Sprache verfügt.

Die Zulassung steht zudem unter dem Vorbehalt einer sog. Bedarfsplanung (☞ § 99 SGB V), um einerseits eine aus gesundheitsökonomischer Sicht unerwünschte Mengenausweitung der vertragsärztlichen Leistungen zu verhindern und andererseits dem Ärztemangel in strukturschwachen Regionen entgegenzuwirken (vgl. *Rosenbrock/Gerlinger* 2014, 185 ff.). Diese erfolgt auf Grundlage der Bedarfsplanungs-Richtlinie des G-BA durch die Kassenärztliche Vereinigung und die Landesverbände der Krankenkassen, welche für räumlich festgelegte Zulassungsbezirke arztgruppenspezifische Verhältniszahlen zwischen Einwohnern und Ärzten festlegen. Wird in einem Gebiet die Arzt-Einwohner-Relation um 10 % überschritten, wird von einer Überversorgung gesprochen (§§ 101 ff. SGB V). Die Folge ist, dass hier (von Ausnahmen abgesehen) keine weiteren Ärzte der Gruppe, mit denen das Gebiet bereits überversorgt ist, mehr zugelassen werden können (sog. gesperrte Gebiete). Eine Unterversorgung besteht demgegenüber dann, wenn in einem Gebiet die Arzt-Einwohner-Relation um 25 % bei der hausärztlichen Versorgung bzw. um 50 % bei der fachärztlichen Versorgung unterschritten wird (§ 100 SGB V). In diesem Fall hat die Kassenärztliche Vereinigung entsprechende Gegenmaßnahmen einzuleiten, wie etwa die Zahlung bestimmter Sicherstellungszuschläge oder den Betrieb von eigenen Einrichtungen (§ 105 SGB V); notfalls sind zur Steuerung der Zulassung entsprechende Beschränkungen in anderen Gebieten anzuordnen.

Mit der Zulassung wird der Vertragsarzt Mitglied der für seinen Kassenarztsitz zuständigen Kassenärztlichen Vereinigung und ist damit zur Teilnahme an der vertragsärztlichen Versorgung im Umfang seines aus der Zulassung folgenden Versorgungsauftrages sowohl berechtigt als auch verpflichtet (§ 95 Abs. 3 Satz 1 SGB V). Dabei gliedert sich die vertragsärztliche Versorgung nach ☞ § 73 Abs. 2 SGB V in die hausärztliche und die fachärztliche Versorgung, was insbesondere für die Honorierung der erbrachten Leistungen von Bedeutung ist (▶ Kap. 3.2.1.3). An der hausärztlichen Versorgung nehmen vor allem Allgemeinärzte, Kinderärzte sowie Internisten ohne Schwerpunktbezeichnung teil; die übrigen Fachärzte erbringen Leistungen der fachärztlichen Versorgung (§ 73 Abs. 1 und 1a SGB V).

3.2.1.2 Regelkreis der vertragsärztlichen Versorgung

Abweichend vom grundsätzlich bestehenden gesundheitsrechtlichen Dreiecksverhältnis zwischen der Krankenkasse, dem Leistungserbringer und dem Versicherten bzw. Patienten (▶ Kap. 1) entsteht im System der ambulanten vertragsärztlichen Versorgung durch die zusätzliche Einbindung der Kassenärztlichen Vereinigung ein Beziehungsgeflecht mit insgesamt vier Akteuren (Abb. 15).

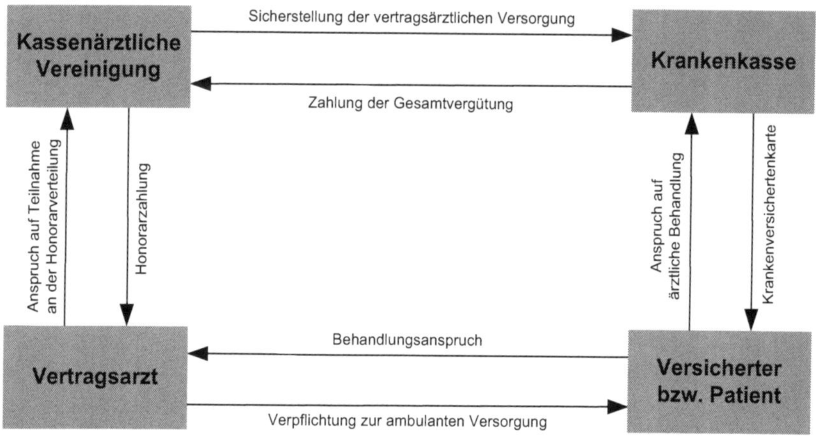

Abb. 15: Regelkreis der ambulanten vertragsärztlichen Versorgung

Leistungsrechtlich richtet sich der Anspruch der Versicherten auf ärztliche Behandlung im Krankheitsfall gegen die jeweilige Krankenkasse (§ 28 SGB V), die den Leistungsanspruch indes nicht direkt und selbst, sondern mittels zur vertragsärztlichen Versorgung zugelassener Ärzte erfüllt (▶ Kap. 3.2.1.1). Zum Nachweis der Berechtigung zur Inanspruchnahme von ärztlichen Leistungen händigt die Krankenkasse ihren Versicherten eine elektronische Gesundheitskarte aus (§ 15 Abs. 6 SGB V), die dem Arzt vor Beginn der Behandlung vorzulegen ist (§ 15 Abs. 2 SGB V). Aufgrund seiner Teilnahme an der vertragsärztlichen Versorgung ist der Arzt grundsätzlich zur Behandlung verpflichtet (§ 95 Abs. 3 Satz 1 SGB V). Durch diese rechtliche Konstruktion kommt zwischen dem Versicherten bzw. dem Patienten und dem Vertragsarzt ein Behandlungsvertrag nach § 630a BGB zustande (▶ Kap. 4.1.1).

Die Garantie, dass tatsächlich allen Versicherten einer Krankenkasse die gesetzlich vorgesehenen ärztlichen Behandlungsmaßnahmen zuteil werden, übernimmt dabei die Kassenärztliche Vereinigung. Sie hat gemäß ☞ § 75 Abs. 1 Satz 1 SGB V die vertragsärztliche Versorgung in dem in § 73 Abs. 2 SGB V bezeichneten Umfang sicherzustellen und die Gewähr dafür zu übernehmen, dass diese den gesetzlichen Erfordernissen entspricht (sog. Sicherstellungsauftrag). Erfüllt wird dieser Auftrag durch die einzelnen Vertragsärzte, die im Rahmen der Zulassung zur vertragsärztlichen Versorgung Mitglieder der jeweiligen Kassenärztlichen Vereinigung geworden sind (▶ Kap. 3.2.1.1). Als synallagmatische Gegenleistung für diesen Sicherstellungsauftrag entrichtet jede Krankenkasse für ihre Versicherten „an die jeweilige Kassenärztliche Vereinigung mit befreiender Wirkung eine Gesamtvergütung für die gesamte vertragsärztliche Versorgung" (☞ § 85 Abs. 1 SGB V). „Mit befreiender Wirkung" meint dabei, dass die Krankenkasse mit der Zahlung der Gesamtvergütung (umgangssprachlich) „ihre Schuldigkeit getan" hat und sie insofern zum einen von ihrer Leistungspflicht nach § 28 SGB V befreit ist und sie mit der Zahlung zum anderen die Gesamtheit der erbrachten vertragsärztlichen Leistungen abgegolten hat, so dass grundsätzlich keine weiteren finanziellen Forderungen für die ambulante ärztliche Behandlung ihrer Versicherten auf sie zukommen. Aufgabe der Kassenärztlichen Vereinigung ist es dann, die Gesamtvergütung unter den ihnen mitgliedschaftlich verbundenen Vertragsärzten zu verteilen (§ 85 Abs. 4 und § 87b SGB V) (▶ Kap. 3.2.1.3). Dementsprechend kann auch der einzelne Vertragsarzt grundsätzlich keine Vergütung von der Krankenkasse fordern; vielmehr richtet sich sein Anspruch auf Honorarzahlung gegen seine Kassenärztliche Vereinigung.

3.2.1.3 Honorierung der erbrachten Leistungen

Das System der Vergütung vertragsärztlicher Leistungen besteht aus drei zentralen Elementen: dem Einheitlichen Bewertungsmaßstab (EBM), der Gesamtvergütung und dem Honorarverteilungsmaßstab der jeweiligen Kassenärztlichen Vereinigung (Abb. 16).

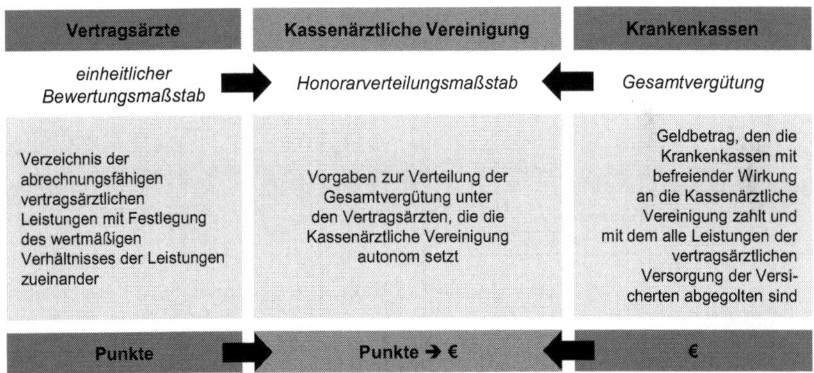

Abb. 16: Grundelemente des vertragsärztlichen Vergütungssystems

Grundlage für die Abrechnung der erbrachten vertragsärztlichen Leistungen ist der *Einheitliche Bewertungsmaßstab* (EBM), der sowohl den Inhalt der abrechenbaren vertragsärztlichen Leistungen als auch deren wertmäßiges, in Punkten ausgedrücktes Verhältnis zueinander bestimmt (☞ § 87 Abs. 2 Satz 1 SGB V). Mit ihm wird zum einen dem Wirtschaftlichkeitsgebot des § 12 SGB V Rechnung getragen, da nur Leistungen, die im EBM aufgeführt sind, als wirtschaftlich gelten und damit abgerechnet werden können (▶ Kap. 2.1.2.3); zum anderen spiegelt die Punktbewertung die Relation des Aufwandes der einzelnen Leistungen untereinander wider, so dass weniger aufwendige Leistungen aufgrund ihrer niedrigeren Punktzahl auch entsprechend geringer honoriert werden. Da der EBM vor allem auf Punkten basiert, kann der behandelnde Vertragsarzt bei der Erbringung der Leistung dem Grunde nach auch noch nicht absehen, welchen Erlös er mit der Leistung erzielt. Eine zunächst unverbindliche Einschätzung ermöglicht aber die Berücksichtigung des sog. bundeseinheitlichen Orientierungswertes, der nach § 87 Abs. 2e SGB V als Punktwert in Euro im EBM festzulegen ist und der 0,109871 € pro Bewertungspunkt beträgt (Jahr 2020). Die Multiplikation der Bewertungspunkte einer EBM-Position mit dem Orientierungswert ergibt dann den ungefähren, von der Kassenärztlichen Vereinigung zu zahlenden Preis für die am Patienten erbrachte Leistung (Tab. 11).

	EKG	Belastungs-EKG
EBM-Position	27320	27321
Leistungs-inhalt	mindestens zwölf Ableitungen (Extremitäten und Brustwand)	Untersuchung in Ruhe und nach Belastung mit mindestens zwölf Ableitungen sowie während physikalisch definierter und reproduzierbarer Belastung mit mindestens drei Ableitungen und fortlaufender Kontrolle des Kurvenverlaufes
Bewertung	80 Punkte	200 Punkte
€ *(Orientierungswert 2020)*	8,79 €	21,97 €

Tab. 11: Vergleich zweier Abrechnungspositionen des Einheitlichen Bewertungsmaßstabes

Der im EBM auf diese Weise ausgewiesene Preis ist dabei insofern nur ein ungefährer, als die einzelnen Kassenärztlichen Vereinigungen mit den Landesverbänden der Krankenkassen auf der Grundlage des Orientierungswertes einen eigenen, regionalen Punktwert auszuhandeln haben und dabei auch einen Zuschlag auf den oder einen Abschlag von dem Orientierungswert vereinbaren können, um insbesondere regionale Besonderheiten bei der Kosten- und Versorgungsstruktur der vertragsärztlichen Leistungen zu berücksichtigen (§ 87a Abs. 2 SGB V). Aus dem vereinbarten Punktwert und dem EBM für ärztliche Leistungen kann dann eine regionale Gebührenordnung mit Euro-Preisen (regionale Euro-Gebührenordnung) erstellt werden. Vor dem Hintergrund der beiden bei der Abrechnung der erbachten Leistungen zusätzlich zu berücksichtigenden weiteren Faktoren (Gesamtvergütung einerseits und Honorarverteilungsmaßstab andererseits) ist allerdings auch diese Gebührenordnung noch nicht bzw. nicht in allen Fällen verbindlich.

Bei der *Gesamtvergütung*, die von der Krankenkasse mit befreiender Wirkung an die Kassenärztliche Vereinigung zu zahlen ist (▸ Kap. 3.2.1.2), handelt es sich um das Ausgabenvolumen für die Gesamtheit der zu vergütenden vertragsärztlichen Leistungen; sie fungiert insofern also als eine Art Ausgabendeckel oder Gesamtbudget. Berechnungsgrundlage der für jeweils ein Kalenderjahr zu vereinbarenden Gesamtvergütung ist dabei vor allem der Behandlungsbedarf, der sich aus der Anzahl und der Morbiditätsstruktur der Versicherten einer Krankenkasse ergibt; dabei sind Veränderungen der Versicherten- und der Morbiditätsstruktur ebenso zu berücksichtigen wie eventuelle gesetzliche bzw. untergesetzliche Anpassungen des Leistungsumfangs im Bereich der ambulanten vertragsärztlichen Versorgung (§ 87a Abs. 4 SGB V). Dieser prognostizierte Behandlungsbedarf schlägt sich in einem zwischen der Kassenärztlichen Vereinigung und den Krankenkassen zu vereinbarenden Punktzahlvolumen auf Grundlage des EBM nieder, welches multipliziert mit dem regionalen Punktwert in Euro die kassenindividuelle morbiditätsbedingte Gesamtvergütung ergibt (§ 87a Abs. 3 SGB V).

Aufgabe der Kassenärztlichen Vereinigung ist es nun, diese vereinbarten Gesamtvergütungen an ihre mitgliedschaftlich verbundenen Vertragsärzte zu verteilen; dies geschieht getrennt für die Bereiche der hausärztlichen und der fachärztlichen Versorgung (☞ § 87b Abs. 1 SGB V). Zudem muss der autonom gesetzte *Honorarverteilungsmaßstab* Regelungen vorsehen, die verhindern, dass die Tätigkeit des Leistungserbringers übermäßig ausgedehnt wird; gleichzeitig soll dem Leistungserbringer eine Kalkulationssicherheit hinsichtlich der Höhe seines zu erwartenden Honorars ermöglicht werden (§ 87b Abs. 2 Satz 1 SGB V). Ein Instrument zur Erfüllung beider Kriterien ist die Honorarabrechnung nach einem arzt- bzw. praxisbezogenen Regelleistungsvolumen (RLV), dessen Summe jedem Vertragsarzt vor Beginn eines Quartals mitgeteilt wird und das sich mathematisch wie folgt berechnet:

RLV des Arztes = Fallzahl des Arztes × Fallwert der Arztgruppe × Gewichtungsfaktor Patientenalter

Die Fallzahl des Arztes basiert auf dessen Behandlungsfällen im entsprechenden Vorjahresquartal und berücksichtigt alle Behandlungen derselben Patienten durch denselben Arzt in einem Quartal zu Lasten einer Krankenkasse. Zur Berechnung des arztgruppenspezifischen Fallwertes wird das Vergütungsvolumen, das für die Regelleistungsvolumina der jeweiligen Arztgruppe innerhalb der morbiditätsbedingten Gesamtvergütung summarisch zur Verfügung steht, durch die Gesamtfallzahl der Arztgruppe geteilt. Für den Fall, dass der einzelne Vertragsarzt eine weit überdurchschnittliche Fallzahl aufweist, kann der Fallwert für über eine bestimmte Grenze hinausgehende Fälle gemindert werden (bspw. um 25 % für Fälle oberhalb von 150 % der durchschnittlichen Fallzahl der Arztgruppe). Der Gewichtungsfaktor berücksichtigt schließlich das Alter der Patienten des Vertragsarztes; er beträgt üblicherweise eins, kann aber bspw. größer als eins sein, wenn der Arzt verhältnismäßig viele Altersrentner behandelt.

Mit EBM-Punkten bewertete Leistungen, die der Arzt in dem entsprechenden Quartal innerhalb seines derart berechneten Regelleistungsvolumens erbringt, werden dann zu festen Preisen nach der regionalen Euro-Gebührenordnung vergütet. Erbrachte Leistungen, die das Regelleistungsvolumen übersteigen, werden demgegenüber nur mit einem abgestaffelten Preis honoriert.

3.2.2 Krankenhäuser

3.2.2.1 Zulassung zur Leistungserbringung

Nach der Legaldefinition des § 107 SGB V handelt es sich bei Krankenhäusern um Einrichtungen, die

1. der Krankenhausbehandlung i. S. d. § 39 SGB V dienen (▶ Kap. 2.1.2.3),
2. fachlich-medizinisch unter ständiger ärztlicher Leitung stehen, über ausreichende, ihrem Versorgungsauftrag entsprechende diagnostische und therapeutische Möglichkeiten verfügen und nach wissenschaftlich anerkannten Methoden arbeiten,
3. mit Hilfe von jederzeit verfügbarem, vor allem ärztlichem und Pflegepersonal darauf eingerichtet sind, vorwiegend durch ärztliche und pflegerische Hilfeleistung Krankheiten der Patienten zu erkennen, zu heilen, ihre Verschlimmerung zu verhüten, Krankheitsbeschwerden zu lindern oder Geburtshilfe zu leisten, und in denen
4. die Patienten untergebracht und verpflegt werden können.

Dabei liegt die sog. Infrastrukturverantwortung, also die Pflicht zur Gewährleistung einer qualitativ hochwertigen, patienten- und bedarfsgerechten Versorgung der Bevölkerung mit leistungsfähigen und eigenverantwortlich wirtschaftenden Krankenhäusern bei den Bundesländern (§ 6 Abs. 1 i. V. m. § 1 Abs. 1 KHG), die ihre Verantwortung durch eine an eine Bedarfsplanung anknüpfende Investitionsförderung öffentlicher sowie anderer freigemeinnütziger, kirchlicher oder privater Einrichtungen wahrnehmen (Prinzip der Trägervielfalt). Das bedeutet, dass es zum einen keine Investitionsförderung ohne eine Bedarfsplanung, zum anderen aber auch keine Bedarfsplanung ohne eine Investitionsförderung geben darf.

Nach der Rechtsprechung des Bundesverwaltungsgerichts (*BVerwG* vom 25. Juli 1985 [Az. 3 C 25.84]) muss die Krankenhausbedarfsplanung dabei folgende wesentliche Aspekte berücksichtigen:

- Krankenhauszielplanung, die im Rahmen des durch die Vorschriften des landesspezifischen Krankenhausgesetzes vorgegebenen Gestaltungsspielraumes die Ziele der Krankenhausversorgung festlegt (bspw. hinsichtlich der Leistungsfähigkeit der Krankenhauslandschaft oder der zu berücksichtigenden Versorgungsschwerpunkte)
- Bedarfsanalyse, die eine Beschreibung des zu versorgenden Bedarfs der Bevölkerung enthält
- Krankenhausanalyse, die eine Beschreibung der Versorgungsbedingungen bei den in den Plan aufgenommenen Krankenhäusern enthält
- Festlegung der durch die späteren Feststellungsbescheide zu treffenden (eigentlichen) Versorgungsentscheidung darüber, mit welchen Krankenhäusern der festgestellte Versorgungsbedarf der Bevölkerung gedeckt werden soll

Ergebnis der Bedarfsplanung ist dann die Festlegung eines landesweit geltenden Krankenhausplans, der den Stand und die vorgesehene Entwicklung der für die Versorgung der Bevölkerung erforderlichen Krankenhausstruktur ausweist. Um ihrer Infrastrukturverantwortung gerecht zu werden, müssen die Länder zusätzlich zum Krankenhausplan entsprechende Investitionsprogramme festlegen (► Kap. 3.2.2.2).

Durch die Aufnahme in den Krankenhausplan sind diese sog. Plankrankenhäuser automatisch zur Versorgung gesetzlich krankenversicherter Patienten zugelassen; entsprechendes gilt für Krankenhäuser, die nach landesrechtlichen Vorschriften als Hochschulkliniken anerkannt sind (§ 108 Nr. 1 und 2 SGB V). Sollte durch diese Einrichtungen keine bedarfsgerechte Krankenhausversorgung der Versicherten sichergestellt sein, können an der Versorgung auch Kliniken beteiligt werden, die mit den Landesverbänden der Krankenkassen einen Versorgungsvertrag nach ☞ § 109 SGB V abgeschlossen haben (§ 108 Nr. 3 SGB V). Dabei darf ein solcher Versorgungsvertrag nur dann abgeschlossen werden, wenn das Krankenhaus die Gewähr für eine leistungsfähige und wirtschaftliche Krankenhausbehandlung bietet, es bestimmte Qualitätskriterien erfüllt und es für eine bedarfsgerechte Krankenhausbehandlung der Versicherten tatsächlich erforderlich ist (§ 109 Abs. 3 Satz 1 SGB V). Liegen diese Voraussetzungen nicht mehr vor, kann der Versorgungsvertrag nach Maßgabe des ☞ § 110 SGB gekündigt werden; entsprechendes gilt auch für Plankrankenhäuser und Hochschulkliniken, da mit ihnen ein Versorgungsvertrag als abgeschlossen gilt (§ 109 Abs. 1 Satz 2 SGB V).

3.2.2.2 *Krankenhausfinanzierung*

Die dargestellte obligatorische Infrastrukturverantwortung der Bundesländer bedingt ein System der sog. dualen Finanzierung der Krankenhäuser: Während die Investitionskosten durch Fördermittel der Bundesländer aufgebracht werden, sind die laufenden Betriebskosten durch Benutzerentgelte der Kostenträger, also vor allem der Krankenkassen zu finanzieren (☞ § 4 KHG) (Abb. 17). Dabei stellt sich die Investitionsförderung primär als Bau- und Ausstattungsförderung dar, wobei es den Ländern überlassen bleibt, in welcher Form sie die Förderung vornehmen; denkbar ist bspw. sowohl eine Einzel- als auch eine Pauschalförderung.

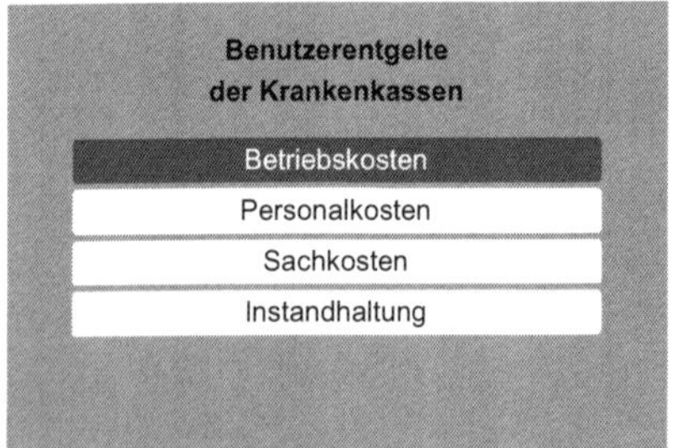

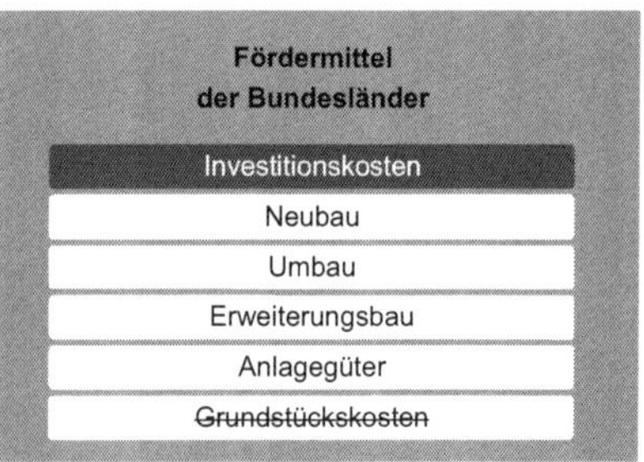

Abb. 17: Duale Finanzierung der Krankenhäuser

Die Vergütung der Betriebskosten durch die Krankenkassen erfolgt mit der Verabschiedung des *Pflegepersonal-Stärkungsgesetzes* (PpSG) seit dem Jahr 2020 in Form einer Kombination aus Fallpauschalen und einer Pflegepersonalkostenerstattung. Die pauschale Honorierung einzelner Behandlungsfälle richtet sich dabei nach einem diagnosebezogenen Klassifizierungssystem, den sog. Diagnosis Related Groups (DRGs) (☞ § 17b KHG und §§ 7 ff. KHEntgG). Dazu wird nach einem Krankenhausaufenthalt die Hauptdiagnose, also die Diagnose, wegen der die Behandlung letztendlich veranlasst worden ist, nach einem sog. Fallpauschalenkatalog, der Bestandteil der zwischen dem GKV-Spitzenverband und der Deutschen Krankenhausgesellschaft vereinbarten Fallpauschalenvereinbarung ist, kodiert (Tab. 12). Bei der Kodierung der Hauptdiagnose werden gegebenenfalls weitere Faktoren, wie etwa aufgetretene Komplikationen, Komorbiditäten oder das Alter des Patienten berücksichtigt.

Wird also eine Krankenhausbehandlung bspw. wegen eines Schlaganfalls mit einer komplizierenden Diagnose erforderlich, wird dem Behandlungsfall die DRG *B70E* zugeordnet. Es handelt sich hierbei um die an 70. Stelle gelistete Krankheit aus der Hauptdiagnosegruppe (Major Diagnostic Category – MDC) *Krankheiten und Störungen des Nervensystems*; das *B* weist auf das Organsystem (hier: Erkrankungen des Nervensystems), das *E* auf den Schweregrad der Erkrankung hin. Die Partition gibt darüber hinaus an, ob es sich um eine operative Fallpauschalen (Partition *O*), um eine medizinische Fallpauschale (Partition *M*) oder um eine andere Fallpauschale (Partition *A*) handelt.

Sämtlichen DRGs ist dabei eine Bewertungsrelation zugeordnet, die – ähnlich wie die Bewertungspunkte im EBM (▶ Kap. 3.2.1.3) – das wertmäßige Verhältnis zwischen den einzelnen Fallpauschalen zum Ausdruck bringt. Der Entgeltanspruch des Krankenhauses berechnet sich dann nach folgender Formel, wobei der Basisfallwert alljährlich auf Landesebene festgelegt wird (☞ § 10 Abs. 1 KHG) und dem Preis für einen Fall mit der Bewertungsrelation 1,0 entspricht; er beträgt bspw. in Nordrhein-Westfalen 3.664,45 € (Jahr 2020):

Entgelt des Krankenhauses = Bewertungsrelation × Landesbasisfallwert

Um einer zu frühen, medizinisch nicht vertretbaren Entlassung allein aus Kostengründen entgegenzuwirken, müssen die Krankenhausträger im Einzelfall Abschläge von der zu berücksichtigenden Bewertungsrelation hinnehmen, wenn bei einem Patienten die sog. untere Grenzverweildauer der DRG seiner Erkrankung unterschritten wird; andersherum erhält das Krankenhaus entsprechende Zuschläge, wenn im Einzelfall die sog. obere Grenzverweildauer überschritten werden muss (Tab. 12).

MDC 01 Krankheiten und Störungen des Nervensystems										
DRG	Partition	Bezeichnung	Bewertungsrelation	mittlere Verweildauer	untere Grenzverweildauer		obere Grenzverweildauer		externe Verlegung Abschlag/Tag (Bewertungsrelation)	Pflegeerlös Bewertungsrelation/Tag
					erster Tag mit Abschlag	Bewertungs-relation/Tag	erster Tag zus. Entgelt	Bewertungs-relation/Tag		
B70E	M	Apoplexie … mit komplizierender Diagnose	1,188	8,9	2	0,390	20	0,092	0,118	1,2851

Tab. 12: Auszug Fallpauschalenkatalog 2020

Damit die Krankenhäuser eine gewisse betriebswirtschaftliche Planungssicherheit bzw. Kalkulationsgrundlage haben, vereinbaren sie mit den Krankenkassen prospektiv für ein Jahr ein klinikindividuelles Krankenhausbudget (sog. DRG-Erlösbudget) (§ 4 KHEntgG). Dieses entspricht dem Geldbetrag, der dem Krankenhaus für die entsprechende Rechnungsperiode zur Abrechnung mit den Krankenkassen zur Verfügung steht. Das Budget eines Krankenhauses orientiert sich vor allem an der erbrachten Leistungsmenge des Vorjahres und berücksichtigt zudem den konkreten Versorgungsauftrag des Krankenhauses nach dem Landeskrankenhausplan bzw. dem Versorgungsvertrag. Hierzu werden sämtliche behandelten Fälle mit der jeweils gleichen Bewertungsrelation multipliziert und die Gesamtsumme der Produkte durch die insgesamt angefallenen Behandlungsfälle dividiert. Das jährliche Krankenhausbudget wird nun errechnet, indem man den so berechneten sog. Fallmix-Index mit dem einschlägigen Landesbasisfallwert multipliziert.

DRG-Erlösbudget = gewichtete Fallzahl als Fallmix-Index × Basisfallwert

Übersteigt die Summe der Erlöse des Krankenhauses aus den abgerechneten Behandlungsfällen am Ende der Rechnungsperiode das DRG-Erlösbudget, kommt es zu einem sog. Mehrerlös, unterschreitet sie es, spricht man von einem Mindererlös. In beiden Fällen findet im darauffolgenden Jahr ein sog.

Erlösausgleich statt: Nach ☞ § 4 Abs. 3 KHEntgG werden Mindererlöse zu 20 % ausgeglichen, Mehrerlöse zu 65 %. Beträgt der Mindererlös also bspw. 100.000,– €, erhält das Krankenhaus von den Krankenkassen trotz geringerer Behandlungszahlen 20.000,– € zur Deckung der Betriebskosten, die in Erwartung eines größeren Behandlungsvolumens bereits verausgabt worden sind. Handelte es sich bei den 100.000,– € um einen Mehrerlös, verbleiben dem Krankenhaus 35.000,– € (65.000,– € sind an die Krankenkasse zurückzuzahlen), um einer unkontrollierten Mengenausweitung entgegenwirken.

Seit dem Jahr 2020 umfassen diese Fallpauschalen nicht mehr die krankenhausindividuellen Aufwendungen für das Pflegepersonal, das in der unmittelbaren Patientenversorgung auf bettenführenden Stationen tätig ist. Diese Kosten sind vielmehr aus dem DRG-System ausgegliedert worden und werden seitdem über ein krankenhausindividuelles Pflegebudget nach dem Selbstkostendeckungsprinzip finanziert. Berechnungsgrundlage für das jeweilige kalenderjährliche Pflegebudget ist die Summe der im Vorjahr aufgewendeten Pflegepersonalkosten; bei der Ermittlung sind weiterhin die für das Vereinbarungsjahr zu erwartenden Veränderungen gegenüber dem Vorjahr zu berücksichtigen, insbesondere hinsichtlich der Zahl und der beruflichen Qualifikation der Pflegevollkräfte (§ 6a Abs. 2 KHEntgG).

Abgerechnet werden die tatsächlichen Personalkosten auf Grundlage der im bundesweit geltenden sog. Pflegeerlöskatalog ausgewiesenen Bewertungsrelationen je stationärem Belegungstag (§ 17a Abs. 4 KHG), die für jede einzelne DRG festgelegt worden und dementsprechend auch im Fallpauschalenkatalog aufgeführt sind (Tab. 12). Dabei wird die dem jeweiligen Fall zugrundeliegende Bewertungsrelation mit einem krankenhausindividuellen Pflegeentgeltwert multipliziert, der sich aus der Division des für das Vereinbarungsjahr vereinbarten Pflegebudgets durch die nach dem Pflegeerlöskatalog ermittelte prognostizierte Summe der Bewertungsrelationen für das Abrechnungsjahr ergibt. Aus dem Pflegebudget abgerechnet werden mithin tagesbezogene Pflegeentgelte, die sich aus der jeweils fallspezifischen Bewertungsrelation und einem krankenhausindividuellen Betrag für die durchschnittlichen Pflegepersonalkosten eines Belegungstages ergeben („Pflege am Bett je Tag") (§ 6a Abs. 4 KHEntgG).

Weichen die derart abgerechneten Pflegepersonalkosten von dem vereinbarten Pflegebudget ab, sind die Mehr- oder Minderkosten bei der Vereinbarung des Pflegebudgets für das Folgejahr zu berücksichtigen und insofern voll auszugleichen (§ 6a Abs. 6 KHEntgG). Zudem werden diejenigen Personalkosten vollständig finanziert, die durch die Neueinstellung oder Aufstockung vorhandener Teilzeitstellen von Pflegefachkräften in der unmittelbaren Patientenversorgung auf bettenführenden Stationen zusätzlich entstehen (§ 4 Abs. 8 KHEntgG).

3.2.3 Weitere Leistungserbringer

3.2.3.1 Heilmittelerbringer

Auch Angehörige eines Therapieberufes (vor allem Logopäden, Physio- und Ergotherapeuten) sind zur Leistungserbringung zu Lasten der gesetzlichen Krankenversicherung nur berechtigt, wenn sie hierzu zugelassen worden sind. Die sich aus ☞ § 124 Abs. 2 SGB V ergebenden Zulassungsvoraussetzungen betreffen dabei die für die Berufsausübung erforderliche Ausbildung, die Praxisausstattung und die Anerkennung der für die Versorgung der Versicherten geltenden Vereinbarungen mit den Leistungs- bzw. Kostenträgern. Zu diesen Vereinbarungen zählten bislang unter anderem auch die Vergütungsvereinbarungen nach § 125 Abs. 2 SGB V zwischen den Krankenkassen und den Verbänden der Heilmittelerbringer, in denen die Honorare für die erbrachten Leistungen festgelegt worden sind. Seit dem 1. Juli 2019 gelten nach ☞ § 125b SGB V für die Erbringung von Heilmitteln bundesweit einheitliche Preise.

3.2.3.2 Hilfsmittelerbringer

Die Zulassung zur Abgabe von Hilfsmitteln zu Lasten der gesetzlichen Krankenversicherung erfolgt nach ☞ § 127 SGB V auf dem Vertragswege zwischen den Krankenkassen und den Leistungserbringern; dabei existieren drei Möglichkeiten: der Vertragsabschluss im Wege der Ausschreibung, der Vertragsabschluss ohne Ausschreibung, aber mit öffentlicher Bekanntgabe der Absicht, einen Vertrag über die Versorgung mit bestimmten Hilfsmitteln abzuschließen, und der Abschluss eines Einzelvertrages, wenn für ein bestimmtes Hilfsmittel keine anderweitige Vereinbarung besteht (hierzu etwa *Janda* 2016, 300 ff.). Die Preisgestaltung hängt davon ab, ob für das Hilfsmittel ein Festbetrag festgesetzt wurde oder nicht. Existiert eine solche preisliche Obergrenze nach § 36 SGB V, übernehmen die Krankenkassen nur die Kosten bis zur Höhe des Festbetrages; wenn kein Festbetrag für ein Hilfsmittel bestimmt worden ist, wird dessen Preis in den Verträgen nach § 127 SGB V vereinbart. Wählen Versicherte Hilfsmittel oder zusätzliche Leistungen, die über das Maß des Notwendigen hinausgehen, haben sie die Mehrkosten und dadurch bedingte höhere Folgekosten selbst zu tragen.

3.2.3.3 Apotheken

Arzneimittel dürfen – ungeachtet des komplizierten Verfahrens ihres Vertriebes und ihrer Marktzulassung (hierzu insgesamt *Meier* et al. 2018) –

grundsätzlich nur durch Apotheken abgegeben werden. Derartige Präparate unterliegen dabei zum einen einer arzneimittelrechtlichen Preisregulierung, zum anderen aber auch einer sozialrechtlichen nach den entsprechenden Bestimmungen des SGB V (hierzu *Axer*, in: *Ebsen* 2015, 268 ff.). So können etwa durch den G-BA Festbeträge für Arzneimittel mit denselben Wirkstoffen, mit pharmakologisch-therapeutisch vergleichbaren Wirkstoffen und mit therapeutisch vergleichbarer Wirkung festgelegt werden (§ 35 Abs. 1 Satz 2 SGB V); die Krankenkassen übernehmen die Kosten für entsprechende Arzneimittel dann nur bis zu diesem Festbetrag. Für Arzneimittel, die keiner Festbetragsgruppe zugeordnet wurden, werden die Erstattungsbeträge zwischen dem GKV-Spitzenverband und den pharmazeutischen Unternehmen vereinbart (§ 130b SGB V); darüber hinaus erhalten die Krankenkassen bestimmte Pflichtrabatte von Apotheken und pharmazeutischen Unternehmen (§§ 130 f. SGB V). Mit den Bestimmungen des ☞ § 129 Abs. 1 SGB V werden die Apotheken zudem generell zu einer Abgabe möglichst preisgünstiger Arzneimittel angehalten.

3.2.3.4 Ambulante Pflegedienste

Um Leistungen der häuslichen Krankenpflege nach § 37 SGB V erbringen zu können, müssen ambulante Pflegedienste einen entsprechenden Vertrag mit den Krankenkassen abschließen (§ 132a Abs. 4 SGB V). Voraussetzung hierfür ist unter anderem, dass der Pflegedienst eine dem allgemeinen Stand der medizinisch-pflegerischen Erkenntnisse entsprechende leistungsgerechte und wirtschaftliche Versorgung der Versicherten gewährleisten kann (§ 132a Abs. 4 Satz 6 i. V. m. § 70 Abs. 1 Satz 1 SGB V). Hiervon ist bei einem Pflegedienst, der zudem die Voraussetzungen des § 72 Abs. 1 SGB XI erfüllt (► Kap. 3.3.2), auszugehen. Der abgeschlossene Versorgungsvertrag regelt die Berechtigung und die Verpflichtung des Pflegedienstes zur Versorgung der gesetzlich Versicherten mit Leistungen der häuslichen Krankenpflege sowie weitere Einzelheiten der Leistungserbringung, wie etwa Anforderungen an ein Qualitätsmanagement oder die Vergütung und die Abrechnungsmodalitäten. In der Versorgungspraxis dominieren indes kollektive Vergütungsvereinbarungen zwischen den Landesverbänden der Krankenkassen und den Verbänden der Leistungserbringer; in diesen Kollektivvereinbarungen werden regelmäßig Vergütungen für Einzelleistungen oder für Gruppen von Einzelleistungen sowie Wegepauschalen vereinbart.

3.2.3.5 Rettungsdienst und Krankentransport

Zuständig für den Rettungsdienst als präklinische Notfallversorgung und den qualifizierten Krankentransport sind die Bundesländer, die in ihren jeweiligen Rettungsgesetzen deren Trägerschaft und die Infrastrukturverantwortung regeln (hierzu insgesamt *Niehues* 2012, 26 ff. und 38 ff.). Danach werden die Aufgaben des Rettungsdienstes und des Krankentransportes entweder von den Kreisen und kreisfreien Städten selbst (etwa durch deren Berufsfeuerwehren), von mit ihnen vertraglich verbundenen Trägern der freien Wohlfahrtspflege (bspw. Deutsches Rotes Kreuz oder Malteser Hilfsdienst) und/oder privaten Unternehmen wahrgenommen. Die Preise für die erbrachten Leistungen werden regelmäßig durch Landesrecht oder kommunale Satzungen festgelegt; soweit dies nicht der Fall ist, schließen die Krankenkassen oder ihre Landesverbände Verträge über die Vergütung dieser Leistungen mit dafür geeigneten Einrichtungen oder Unternehmen (§ 133 SGB V).

3.2.3.6 Rehabilitationseinrichtungen

Rehabilitationseinrichtungen sind nach § 107 Abs. 2 SGB V Einrichtungen,

1. die der stationären Behandlung der Patienten dienen, um eine Krankheit zu heilen, ihre Verschlimmerung zu verhüten oder Krankheitsbeschwerden zu lindern oder im Anschluss an eine Krankenhausbehandlung den dabei erzielten Behandlungserfolg zu sichern oder zu festigen (auch mit dem Ziel, eine drohende Behinderung oder Pflegebedürftigkeit abzuwenden, zu beseitigen, zu mindern, auszugleichen, ihre Verschlimmerung zu verhüten oder ihre Folgen zu mildern),
2. fachlich-medizinisch unter ständiger ärztlicher Verantwortung und unter Mitwirkung von besonders geschultem Personal darauf eingerichtet sind, den Gesundheitszustand der Patienten nach einem ärztlichen Behandlungsplan vorwiegend durch Anwendung von Heilmitteln zu verbessern und den Patienten bei der Entwicklung eigener Abwehr- und Heilungskräfte zu helfen, und
3. in denen die Patienten untergebracht und verpflegt werden können.

Entsprechende Einrichtungen, die zu Lasten der gesetzlichen Krankenversicherung Maßnahmen der medizinischen Rehabilitation nach § 40 SGB V anbieten möchten, müssen mit den Landesverbänden der Krankenkassen einen Versorgungsvertrag gemäß ☞ § 111 SGB V abschließen. Die Vereinbarung über die Vergütung der erbrachten Leistungen schließt der Einrichtungsträger im Gegensatz dazu nicht mit den Krankenkassenverbänden, sondern mit den einzelnen Krankenkassen (§ 111 Abs. 5 SGB V).

3.3 Leistungserbringung im System der sozialen Pflegeversicherung

Griep, Heinrich und *Renn*, Heribert: Pflegesozialrecht, Baden-Baden 6. Aufl. 2017 | *Janda*, Constanze: Pflegerecht, Baden-Baden 2019 | *Kaminski*, Ralf: Die Pflegesatzverhandlung. Praxisleitfaden für ambulante und stationäre Pflegeeinrichtungen, Berlin 2015 | *Marschmann*, Frank: Grundfragen des Rechts der Leistungserbringung in der sozialen Pflegeversicherung (SGB XI), in: SGb 1996, 49–58, 96–99 und 149–157.

Anders als etwa im Bereich der ambulanten vertragsärztlichen Versorgung liegt der Sicherstellungsauftrag, also die Pflicht zur Gewährleistung einer bedarfsgerechten, gleichmäßigen und anerkannten Standards entsprechenden Gesundheitsversorgung der Versicherten im Bereich der sozialen Pflegeversicherung bei den Kosten- und Leistungsträgern, also bei den Pflegekassen selbst (☞ § 69 SGB XI). Hierzu können die Pflegekassen individuelle Pflege- und Betreuungsverträge mit einzelnen geeigneten Pflegekräften abschließen (§ 77 Abs. 1 SGB XI) oder einzelne Pflegekräfte anstellen (§ 77 Abs. 2 SGB XI), üblich ist jedoch der Abschluss von Versorgungsverträgen mit Trägern selbständig wirtschaftender Pflegeeinrichtungen, von denen die Leistungsbezieher dann versorgt werden können. Zu unterscheiden sind insofern Pflegeheime (stationäre Pflegeeinrichtungen) und Pflegedienste (ambulante Pflegeeinrichtungen) (▶ Kap. 3.3.1). Während die Modalitäten des Abschlusses eines Versorgungsvertrages für beide Arten von Pflegeeinrichtungen gleich geregelt sind (▶ Kap. 3.3.2), erfolgt die Honorierung der von ihnen erbrachten Leistungen nach unterschiedlichen gesetzlichen Bestimmungen und wirtschaftlichen Grundsätzen (▶ Kap. 3.3.3).

3.3.1 Arten von Pflegeeinrichtungen

Korrespondierend mit dem Leistungsspektrum der sozialen Pflegeversicherung (▶ Kap. 2.2.2) wird bei den Erbringern von Pflegeleistungen zwischen ambulanten Pflegeeinrichtungen (Pflegedienste) und stationären Pflegeeinrichtungen (Pflegeheime) unterschieden. In ☞ § 71 Abs. 1 SGB XI werden Pflegedienste definiert als selbständig wirtschaftende Einrichtungen, die Pflegebedürftige in ihrer Wohnung mit Leistungen der häuslichen Pflegehilfe i. S. d. § 36 SGB XI versorgen. Demgegenüber handelt es sich bei Pflegeheimen nach ☞ § 71 Abs. 2 SGB XI um selbständig wirtschaftende Einrichtungen, in denen Pflegebedürftige gepflegt werden und ganztägig (vollstationär) oder nur tagsüber oder nur nachts (teilstationär) untergebracht und verpflegt werden können; in ihnen werden folglich primär Leistungen nach §§ 41 bis 43 SGB XI erbracht.

Dabei muss die Leistungserbringung in beiden Fällen unter ständiger Verantwortung einer ausgebildeten Pflegefachkraft erfolgen. Welche Voraussetzungen diese regelmäßig als Pflegedienstleitung bezeichnete Person mitbringen muss, wird in ☞ § 71 Abs. 3 SGB XI beschrieben. Danach muss sie eine einschlägige Berufsausbildung in der Pflege abgeschlossen haben und eine praktische Berufserfahrung in dem erlernten Ausbildungsberuf von zwei Jahren innerhalb der letzten acht Jahre nachweisen können. Zudem ist für die Anerkennung als verantwortliche Pflegefachkraft Voraussetzung, dass die Person eine Weiterbildungsmaßnahme für leitende Funktionen von regelmäßig mindestens 460 Stunden absolviert hat. In einigen Bundesländern werden die Erfordernisse an die leitende Pflegekraft noch weiter konkretisiert. So bestimmt bspw. § 4 Abs. 9 WTG NRW, dass den zwei Jahren Berufserfahrung eine einschlägige *hauptberufliche* Berufstätigkeit zugrunde liegen muss; Zeiten einer Teilzeitbeschäftigung mit mindestens der Hälfte der regelmäßigen Arbeitszeit zählen in vollem Umfang, Zeiten einer Teilzeitbeschäftigung mit weniger als der Hälfte zählen entsprechend ihrem Verhältnis zur hälftigen Beschäftigung.

3.3.2 Abschluss von Versorgungsverträgen

Nach § 72 Abs. 1 Satz 1 SGB XI dürfen die Pflegekassen ambulante und stationäre Pflegeleistungen nur durch Pflegeeinrichtungen gewähren, mit denen ein Versorgungsvertrag besteht (sog. zugelassene Pflegeeinrichtungen). Der Abschluss eines solchen Versorgungsvertrages setzt neben der Erfüllung der in § 71 SGB IX genannten Merkmale (► Kap. 3.3.1) voraus, dass die Pflegeeinrichtung eine leistungsfähige und wirtschaftliche pflegerische Versorgung der Versicherten gewährleisten kann, an die Beschäftigten eine ortsübliche Arbeitsvergütung zahlt und sich zur Einführung und Weiterentwicklung eines Qualitätsmanagementsystems sowie zur Umsetzung von Expertenstandards verpflichtet (§ 72 Abs. 3 SGB XI). Beim Vorliegen der entsprechenden Voraussetzungen hat der Träger der Pflegeeinrichtung einen Anspruch auf den Abschluss eines Versorgungsvertrages (§ 72 Abs. 3 Satz 1 Halbsatz 2 SGB XI); anders als im Bereich der vertragsärztlichen Versorgung und der Sicherstellung der Krankenhausversorgung findet also keine Bedarfsplanung statt. Mit dem Abschluss des Versorgungsvertrages werden Vereinbarungen über Art, Inhalt sowie Umfang der zu erbringenden Pflegeleistungen getroffen (sog. Versorgungsvereinbarung) (§ 72 Abs. 1 Satz 2 SGB XI) sowie (bei ambulanten Pflegediensten) die Einzugsbereiche bestimmt, in denen die Pflegeleistungen zu erbringen sind (§ 72 Abs. 3 Satz 3 SGB XI); zudem wird die Pflegeeinrichtung im Rahmen ihres Versorgungsauftrages zur pflegerischen Versorgung der Versicherten nicht nur berechtigt, sondern auch verpflichtet (§ 72 Abs. 5 SGB XI).

3.3.3 Honorierung der erbrachten Leistungen

Für die erbrachten Leistungen sind die Pflegeeinrichtungen leistungsgerecht zu vergüten (☞ § 82 Abs. 1 SGB XI). Zu beachten ist indes, dass die Leistungen der sozialen Pflegeversicherung nicht bedarfsdeckend sind und ihr insofern eher der Charakter einer Teilkaskoversicherung zukommt. Dies führt dazu, dass die Erstattungsbeträge der Pflegekassen in aller Regel nur einen Teil der anfallenden Kosten abdecken und die Versicherten den übersteigenden Betrag grundsätzlich selber aufbringen müssen (▶ Kap. 2.2.2).

3.3.3.1 Pflegeheime

Die Vergütung der von den Pflegeheimen erbrachten Leistungen setzt sich aus den Entgelten für die allgemeinen Pflegeleistungen, den Entgelten für Unterkunft und Verpflegung, den Investitionskosten und gegebenenfalls den Entgelten für Zusatzleistungen zusammen (Abb. 18). Hinzu kommen die Kosten für die Vergütung der Auszubildenden einer Pflegeeinrichtung, die bei der Kalkulation der allgemeinen Pflegeleistungen berücksichtigt werden können (§ 82a SGB XI). Sämtliche Vergütungsbestandteile sind dabei für jedes Pflegeheim individuell zu vereinbaren.

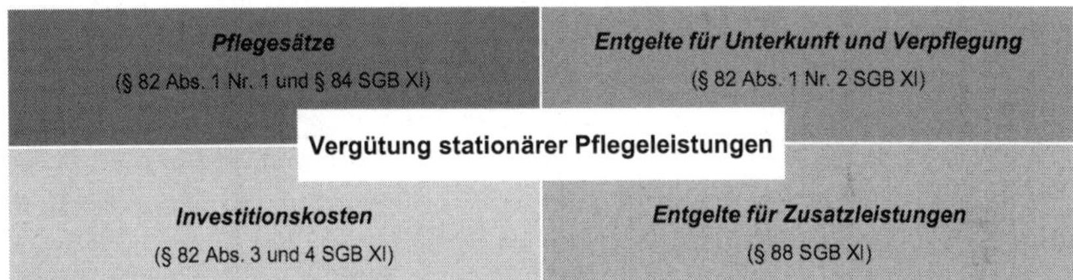

Abb. 18: Vergütung stationärer Pflegeleistungen

Bei den *Pflegesätzen* nach ☞ § 84 SGB XI handelt es sich um die Entgelte für die teil- oder vollstationären Pflegeleistungen des Pflegeheims einschließlich der sozialen Betreuung; soweit keine Leistungen der häuslichen Krankenpflege nach § 37 SGB V beansprucht werden können (▶ Kap. 2.1.2.3), umfassen sie auch die notwendigen Maßnahmen der medizinischen Behandlungspflege (§ 84 Abs. 1 Satz 1 SGB XI). Entsprechend den fünf Pflegegraden nach § 15 SGB XI (▶ Kap. 2.2.1.2) sind auch die Pflegesätze nach dem Versorgungsaufwand, den die versorgten Pflegebedürftigen nach Art und Schwere ihrer Pflegebedürftigkeit benötigen, zu staffeln (§ 84 Abs. 2 Satz 2 SGB XI). Unter Berücksichtigung der nach oben gedeckelten Leistungssätze gemäß § 43 SGB XI sind dabei auch sog. einrichtungseinheitliche Eigenanteile der Versicherten auszuweisen (§ 84 Abs. 2 Satz 3 SGB XI), die von diesen unabhängig vom festgestellten

Pflegegrad selbst aufgebracht werden müssen; Bewohnern mit einem Pflegegrad 5 dürfen also keine höheren Eigenleistungen aufgebürdet werden als etwa Bewohnern mit dem Pflegegrad 2. Zudem sind die Pflegesätze für alle Heimbewohner des Pflegeheimes nach einheitlichen Grundsätzen zu bemessen; eine Differenzierung nach Kostenträgern ist unzulässig (§ 84 Abs. 3 SGB XI).

Nach § 84 Abs. 8 und § 85 Abs. 8 SGB XI können für die zusätzliche Betreuung und Aktivierung der Bewohner der Einrichtung (Leistungen nach ☞ § 43b SGB XI) zudem bestimmte Vergütungszuschläge gezahlt werden. Die Zahlung des Zuschlags erfolgt dabei unter der Voraussetzung, dass

- das Pflegeheim für die zusätzliche Betreuung und Aktivierung der Pflegebedürftigen über zusätzliches, i. d. R. sozialversicherungspflichtig beschäftigtes Betreuungspersonal verfügt,
- für i. d. R. 20 Bewohner eine Betreuungskraft in Vollzeit finanziert wird,
- der Vergütungszuschlag nicht berechnet wird, soweit die zusätzliche Betreuung und Aktivierung nicht erbracht wird, und
- die Pflegebedürftigen mit diesen Zuschlägen weder ganz noch teilweise belastet werden.

Verhandelt und vereinbart werden die Pflegesätze zwischen dem Träger der Einrichtung einerseits und den Pflegekassen sowie dem für die Bewohner des Pflegeheims örtlich zuständigen Sozialhilfeträger andererseits (§ 85 SGB V). Sie müssen es dem Träger des Pflegeheims bei wirtschaftlicher Betriebsführung und unter Berücksichtigung einer angemessenen Vergütung seines unternehmerischen Risikos ermöglichen, die Aufwendungen der Pflegeeinrichtung zu finanzieren und den ihm im Versorgungsvertrag erteilten Versorgungsauftrag (▶ Kap. 3.3.2) zu erfüllen. Neben den Pflegesätzen sind in der Pflegesatzvereinbarung auch die wesentlichen Leistungs- und Qualitätsmerkmale der Einrichtung festzulegen (§ 84 Abs. 5 SGB XI). Hierzu gehören insbesondere

- die Zuordnung des voraussichtlich zu versorgenden Personenkreises sowie Art, Inhalt und Umfang der Leistungen, die von der Einrichtung erwartet werden,
- die von der Einrichtung für den voraussichtlich zu versorgenden Personenkreis individuell vorzuhaltende personelle Ausstattung (gegliedert nach Berufsgruppen) sowie
- Art und Umfang der Ausstattung der Einrichtung mit Verbrauchsgütern.

Von besonderer Relevanz ist dabei die Vereinbarung der Personalausstattung. Hierzu bestimmt § 84 Abs. 6 SGB XI ergänzend, dass der Träger der Einrichtung verpflichtet ist, mit der vereinbarten personellen Ausstattung die Versorgung der Pflegebedürftigen jederzeit sicherzustellen; er hat bei Personalengpässen oder -ausfällen durch geeignete Maßnahmen des Personalmanagements zu gewährleisten, dass die Versorgung der Pflegebedürftigen nicht beeinträchtigt wird.

Anders als die Pflegevergütung sind die Kosten für die *Unterkunft* und die *Verpflegung* nach ☞ § 87 SGB XI vom versicherten Bewohner grundsätzlich selbst zu tragen (§ 82 Abs. 1 Satz 4 SGB XI). Gleichwohl werden auch sie mit den Pflegekassen verhandelt, damit sichergestellt ist, dass die zu zahlenden Kosten in einem angemessenen Verhältnis zu den erbrachten Leistungen stehen; die Pflegekassen fungieren in diesem Bereich damit als eine Art Sachwalter für die Interessen ihrer Versicherten (*Rosenbrock/Gerlinger* 2014, 374). Die Entgelte für die Unterkunft und die Verpflegung müssen dabei getrennt voneinander vereinbart werden.

Schließlich dürfen den Heimbewohnern *Investitionskosten* in Rechnung gestellt werden, die nicht durch öffentliche Fördermaßnahmen gedeckt sind (☞ § 82 Abs. 2 bis 4 SGB XI). Hintergrund ist, dass es nach ☞ § 9 SGB XI – ähnlich wie bei der Infrastrukturverantwortung für die Krankenhauslandschaft (▶ Kap. 3.2.2.2) – Aufgabe der Bundesländer ist, für die Vorhaltung einer leistungsfähigen, zahlenmäßig ausreichenden und wirtschaftlichen pflegerischen Versorgungsstruktur zu sorgen. Aufgrund dieser Infrastrukturverantwortung der Länder dürfen Investitionskosten bei der Heimvergütung nur veranschlagt werden, sofern bzw. soweit keine öffentliche Förderung aus Landesmitteln erfolgt.

Die drei beschriebenen Abrechnungspositionen (Pflegesatz, Entgelte für Unterkunft und Verpflegung sowie die gesondert berechenbaren Investitionskosten) bilden das sog. Gesamtheimentgelt nach ☞ § 87a SGB XI, das für jeden Tag des Heimaufenthalts erhoben werden kann (§ 87a Abs. 1 Satz 1 SGB XI). Die dem pflegebedürftigen Heimbewohner nach den §§ 41 bis 43 SGB XI zustehenden Leistungsbeträge (▶ Kap. 2.2.2.1) sind von seiner Pflegekasse mit befreiender Wirkung unmittelbar an das Pflegeheim zu zahlen (§ 87a Abs. 3 SGB XI). Der zum Gesamtheimentgelt verbleibende Teil ist vom Bewohner grundsätzlich selber aufzubringen und an die Pflegeeinrichtung zu zahlen; im Falle der Bedürftigkeit greift das Leistungssystem der Sozialhilfe nach dem SGB XII (▶ Kap. 2.2.2.6). Für den Fall, dass der Bewohner für eine Zeit von mehr als drei Tagen vorübergehend abwesend sein muss (etwa für einen Krankenhausaufenthalt oder eine stationäre Rehabilitationsmaßnahme), sind für die Entgeltbestandteile der Pflegevergütung und der Kosten für die Unterkunft und die Verpflegung regelmäßig 25 % der Kosten in Abschlag zu bringen (§ 87a Abs. 1 Satz 7 SGB XI).

Unter bestimmten Voraussetzungen können die Vertragspartner des Heimvertrages (▶ Kap. 4.1.5) auch besondere Komfortleistungen bei Unterkunft und Verpflegung oder zusätzliche pflegerisch-betreuerische Leistungen vereinbaren (☞ § 88 SGB XI). Die für diese *Zusatzleistungen* anfallenden Heimentgelte sind allein vom Bewohner zu tragen.

3.3.3.2 Pflegedienste

Auch die Vergütung der ambulanten Leistungen der häuslichen Pflegehilfe wird zwischen dem Träger des Pflegedienstes und den Leistungsträgern für alle Pflegebedürftigen nach einheitlichen Grundsätzen vereinbart (☞ § 89 SGB XI). Sie muss leistungsgerecht sein und es einem Pflegedienst bei wirtschaftlicher Betriebsführung ermöglichen, seine Aufwendungen unter Berücksichtigung einer angemessenen Vergütung des Unternehmerrisikos zu finanzieren und seinen Versorgungsauftrag zu erfüllen (§ 89 Abs. 1 SGB XI). Möglich ist dabei eine Honorierung der Leistungen nach dem für sie erforderlichen Zeitaufwand oder unabhängig vom Zeitaufwand nach dem Leistungsinhalt des jeweiligen Pflegeeinsatzes, nach Komplexleistungen oder in Ausnahmefällen auch nach Einzelleistungen; sonstige Leistungen, wie hauswirtschaftliche Versorgung, Behördengänge oder Fahrkosten können auch mit Pauschalen vergütet werden (§ 89 Abs. 3 SGB XI).

In der Versorgungslandschaft hat sich dabei eine Vergütung nach Leistungskomplexen durchgesetzt, in denen einzelne pflegerische bzw. hauswirtschaftliche Tätigkeiten zusammengefasst werden und die von den Pflegebedürftigen je nach Versorgungsbedarf individuell zusammengestellt werden können. Diese Leistungskomplexe werden – ähnlich den Punktwerten im EBM oder der Bewertungsrelation im DRG-Vergütungssystem – in aller Regel mit Punktzahlen bewertet, die die Relation des Aufwandes bei der Erbringung der jeweiligen Leistungskomplexe untereinander widerspiegeln (Tab. 13). Grundlage für die Leistungsabrechnung ist dann die addierte Gesamtpunktzahl für alle erbrachten Leistungskomplexe, die multipliziert mit einem in Euro bemessenen, in den Vergütungsverhandlungen zwischen Pflegedienst und Pflegekassen vereinbarten Punktwert den Vergütungsanspruch des Pflegedienstes ergibt.

Leistungskomplex	Leistungsart	Leistungsinhalte	Punkte	Erläuterungen der Leistungskomplexe
1	Ganzwaschung	1. Waschen, Duschen, Baden 2. Mund-, Zahn- und Lippenpflege 3. Rasieren 4. Haupflege 5. Haarpflege (Kämmen, ggf. Waschen) 6. Nagelpflege 7. An- und Auskleiden incl. An- u. Ablegen von Körperersatzstücken 8. Vorbereiten/Aufräumen des Pflegebereiches 9. und außerdem bei – eingeschränkten kognitiven oder kommunikativen Fähigkeiten oder/und – auffälligen Verhaltensweisen und psychischen Problemlagen oder/und – sonstigen altersbedingten Krankheitsbildern zusätzlich anleitende, motivierende und/oder auffordernde Pflege zur Erhaltung und Stärkung der Selbstversorgungspotentiale	426	Ganzkörperwaschung soweit notwendig, mindestens Ober- und Unterkörper

Tab. 13: Auszug Leistungskomplexsystem NRW

4 Bewirken von Gesundheitsleistungen

Im gesundheitsrechtlichen Dreiecksverhältnis zwischen den Leistungserbringern, den Kranken- und Pflegekassen sowie deren Patienten bzw. Versicherten ist das sog. Leistungserfüllungsverhältnis zwischen einem Leistungserbringer und einem Leistungsempfänger geprägt von der dem Leistungsträger gegenüber bestehenden Pflicht des Leistungserbringers zur gesundheitlichen Versorgung des Leistungsempfängers in der Rolle des Patienten, um dessen Leistungsanspruch zu erfüllen, den dieser wiederum als Versicherter gegenüber dem Leistungsträger geltend machen kann (▶ Kap. 1). Diese Leistungsbewirkung wird dabei zum einen determiniert durch die vertraglichen Beziehungen, die zwischen dem Leistungserbringer und dem Leistungsempfänger bestehen (▶ Kap. 4.1), und zum anderen durch die Autonomie und das Selbstbestimmungsrecht des Patienten, der frei entscheiden kann, ob, welche und für welche Zeit er eine Behandlung in Anspruch nehmen möchte (▶ Kap. 4.2). Für den Fall eines Behandlungs- bzw. Pflegefehlers muss sich der Leistungserbringer dem Patienten gegenüber zudem haftungsrechtlich verantworten (▶ Kap. 4.3).

4.1 Verträge zur Leistungsbewirkung

Bachem, Jörn und *Hacke*, Sylvia: Wohn- und Betreuungsvertragsgesetz. Kommentar, München 2015 | *Dahm*, Dirk: Der Pflegevertrag bei häuslicher Pflege gemäß § 120 SGB XI, in: Die Leistungen 2013, 617–619 | *Dickmann*, Frank: Heimrecht. Kommentar, München 11. Aufl. 2014 | *Gassner*, Christina und *Richter*, Ronald: Wohn- und Betreuungsvertragsgesetz. Handkommentar, Baden-Baden 2020 | *Huster*, Stefan und *Kaltenborn*, Markus (Hrsg.): Krankenhausrecht. Praxishandbuch zum Recht des Krankenhauswesens, München 2. Aufl. 2017 | *Krahmer*, Utz und *Plantholz*, Markus: Wie soll der novellierte § 120 SGB XI umgesetzt werden? – Zum Pflegevertrag im ambulanten Bereich, in: SozialRecht aktuell 2013, 137–143 | *Neuefeind*, Wolfgang: Der Behandlungsvertrag. Kommentierung der §§ 630a bis 630h BGB mit Vorbemerkungen zu begleitenden Rechtsthemen, Baden-Baden 2019 | *Robbers*, Jörg und *Wagener*, Andreas (Hrsg.): Die Krankenhausbehandlung. Praxiskommentar zur Vertragsgestaltung. Band. 1. Verträge zwischen Krankenhaus und Patient, Stuttgart 3. Aufl. 2017 | *Walter*, Ute: Das neue Patientenrechtegesetz. Praxishinweise für Ärzte, Krankenhäuser und Patienten, München 2013 | *Wenzel*, Frank: Patientenrechtegesetz. Kommentar für die Praxis, Heidelberg 2017.

	Werkvertrag	Kaufvertrag	Dienstvertrag	Dienstvertrag					
			Dienstvertrag	Behandlungsvertrag	Krankenhausvertrag			Pflegevertrag	Heimvertrag
					totaler	mit Arztzusatzvertrag	gespaltener		
rechtliche Grundlage	§ 631 BGB	§ 433 BGB	§ 611 BGB	§§ 630a BGB	§ 611 und §§ 630a BGB (ggf. ergänzt durch Elemente des Werk-, Beherbergungs- oder Mietvertragsrechts)			§ 120 SGB XI	WBVG
Vertragspartner des Patienten	Hilfsmittelerbringer		Pflegedienst	Arzt bzw. Heilmittelerbringer etc.	Krankenhaus	1. Krankenhaus 2. Krankenhausarzt	1. Krankenhaus 2. Belegarzt	Pflegedienst	Pflegeheim
Leistungen der GKV bzw. der SPV	§ 33 SGB V		§ 37 SGB V	§ 28 SGB V § 32 SGB V	§ 39 SGB V	§ 39 SGB V IGeL	§ 39 SGB V § 28 SGB V	§ 36 SGB XI	§ 43 SGB XI
Vertragsinhalt	Herstellung eines Hilfsmittels als Werk	Abgabe eines bereits gebrauchsfertig produzierten Hilfsmittels	Grund- und Behandlungspflege sowie hauswirtschaftliche Versorgung	medizinische Behandlung	Erbringung allgemeiner Krankenhausleistungen als Komplexleistung (medizinische und pflegerische Versorgung, Unterkunft und Verpflegung)	1. Erbringung allgemeiner Krankenhausleistungen als Komplexleistung 2. Erbringung ärztlicher Wahlleistungen	1. Erbringung allgemeiner Krankenhausleistungen als Komplexleistung, aber ohne ärztliche Behandlung 2. ärztliche Behandlung durch den Belegarzt	Erbringung körperbezogener Pflegemaßnahmen, pflegerischer Betreuungsmaßnahmen und Hilfen bei der Haushaltsführung (häusliche Pflegehilfe)	Überlassung von Wohnraum und Erbringung von Pflege- bzw. Betreuungsleistungen, die der Bewältigung eines durch Pflegebedürftigkeit bedingten Hilfebedarfs dienen

Tab. 14: Gängige Verträge zur Bewirkung von Leistungen der GKV und der SPV

Dem Leistungserfüllungs- bzw. Behandlungsverhältnis zwischen dem Leistungserbringer und dem Patienten liegt regelmäßig ein zivilrechtliches gegenseitiges Schuldverhältnis zugrunde (☞ §§ 241 und 311 BGB). Typische bzw. relevante Vertragsarten sind in diesem Zusammenhang vor allem der Dienst- bzw. Behandlungsvertrag (▶ Kap. 4.1.1 und 4.1.2), der in erster Linie mit Ärzten und Heilmittelerbringern abgeschlossen wird, der gesetzlich nicht explizit geregelte Krankenhaus(aufnahme)vertrag (▶ Kap. 4.1.3), der im SGB XI zumindest Erwähnung findende Pflegevertrag mit ambulanten Pflegediensten (▶ Kap. 4.1.4) sowie der Heimvertrag mit stationären Pflegeeinrichtungen nach den Maßgaben des *Wohn- und Betreuungsvertragsgesetzes* (WBVG) (▶ Kap. 4.1.5) (Tab. 14).

4.1.1 Dienst- und Werk- bzw. Kaufvertrag

Bei den im Gesundheitswesen zwischen Leistungserbringern und Leistungsempfängern mit Abstand am häufigsten abgeschlossenen Verträgen handelt es sich um Dienstverträge nach ☞ § 611 BGB; besondere Ausprägungen dieses Vertragstypus sind der Behandlungs-, der Krankenhaus(aufnahme)- und der Pflegevertrag (▶ Kap. 4.1.2 bis 4.1.4). Durch den Dienstvertrag wird der Leistungserbringer zur Verrichtung der versprochenen bzw. vereinbarten Behandlungs- bzw. Pflegemaßnahmen verpflichtet. Art und Umfang der zu erbringenden Leistungen ergeben sich dabei vor allem aus dem Leistungsrecht nach dem SGB V bzw. dem SGB XI (▶ Kap. 2.1.2 bzw. 2.2.2). Derartige Dienstverträge liegen bspw. der Versorgung des Patienten bzw. Versicherten mit ärztlicher Behandlung nach § 28 SGB V, mit Heilmitteln nach § 32 SGB V oder mit häuslicher Krankenpflege nach § 27 SGB V zugrunde. Dabei gilt generell, dass die zu leistenden Dienste dem allgemein anerkannten Stand der medizinischen Erkenntnisse entsprechen müssen und sowohl in der fachlich gebotenen Qualität als auch wirtschaftlich i. S. d. § 12 SGB V bzw. § 29 SGB XI zu erbringen sind (§ 70 Abs. 1 SGB V; ähnlich § 11 Abs. 1 SGB XI).

Demgegenüber wird bei der Abgabe eines Hilfsmittels i. S. d. § 33 SGB V bzw. des § 40 SGB XI, das vom Hilfsmittelerbringer individuell an die Bedürfnisse des Leistungsempfängers angepasst werden muss, regelmäßig ein Werkvertrag nach ☞ § 631 BGB abgeschlossen. Dieser Vertragstypus unterscheidet sich insofern vom Dienstvertrag nach § 611 BGB, als hier nicht nur eine Dienstleistung im Sinne einer Tätigkeit geschuldet wird, sondern darüber hinaus auch ein durch sie herbeizuführender Erfolg. Während also bspw. ein Arzt grundsätzlich nicht garantieren kann, dass seine Heilbehandlung tatsächlich heilt (andernfalls wäre es kein Arzt, sondern ein Scharlatan!), muss der Erbringer eines Hilfsmittels regelmäßig dafür einstehen, dass dieses ordnungsgemäß hergestellt bzw. angepasst wird und der Patient es dem Verwendungszweck entsprechend nutzen kann – er schuldet mithin die Herstellung eines Werk(stück)es, das mindestens die im Hilfsmittelverzeichnis nach § 139 Abs. 2 SGB V festgelegten Anforderungen an die jeweils hilfsmittelspezifische Versorgungs- und Produktqualität erfüllen muss (§ 33 Abs. 1 Satz 2 SGB V).

Anders verhält es sich, wenn ein bereits gebrauchsfertig produziertes Hilfsmittel lediglich abgegeben wird und nicht mehr individuell an die Bedürfnisse seines Nutzers angepasst werden muss. In diesem Fall wird zwischen dem Lieferanten des Hilfsmittels und dem Patienten bzw. Versicherten ein Kaufvertrag nach ☞ 433 BGB abgeschlossen.

4.1.2 Behandlungsvertrag

Mit dem *Patientenrechtegesetz* von 2013 hat der Behandlungsvertrag als besondere Ausprägung des Dienstvertrages (▶ Kap. 4.1.1) Einzug in das Vertragsrecht des BGB gefunden (hierzu *Erb* 2018). ☞ § 630a BGB legt dabei die Hauptpflichten der Vertragsparteien fest: Danach schuldet der behandelnde Arzt, Heilmittelerbringer, Entbindungspfleger etc. die vereinbarte Behandlung nach den bestehenden allgemein anerkannten fachlichen Standards (nicht jedoch den Erfolg der Behandlung!), der Patient die Zahlung der vereinbarten Vergütung, soweit nicht ein Dritter – wie etwa die Krankenkasse – zur Zahlung verpflichtet ist. Als vertragliche Nebenpflicht ergeben sich für den Behandelnden zudem bestimmte Informationspflichten, die ihn bereits im Vorfeld der Behandlung treffen: Danach ist er zum einen verpflichtet, dem Patienten in verständlicher Weise sämtliche für die Behandlung wesentlichen Umstände zu erläutern, insbesondere die Diagnose, die voraussichtliche gesundheitliche Entwicklung, die Therapie und die im Zusammenhang mit der Therapie zu ergreifenden medizinischen Maßnahmen (§ 630c Abs. 2 Satz 1 BGB); zum anderen muss er den Patienten in Textform über die voraussichtlichen Kosten der Behandlung informieren, falls eine vollständige Kostenübernahme durch die Krankenkasse oder einen sonstigen Dritten nicht gesichert ist (§ 630c Abs. 3 Satz 1 BGB).

In diesem Zusammenhang sind auch die Maßgaben des ☞ § 630d BGB zu sehen, nach denen der Patient in die Durchführung einer medizinischen Maßnahme einwilligen muss (▶ Kap. 4.2.1). Die Einwilligung muss entweder durch den Patienten selbst oder – im Falle dessen Einwilligungsunfähigkeit – von einem hierzu Berechtigten (etwa Betreuer oder Vorsorgebevollmächtigter) erklärt werden (▶ Kap. 4.2.2 bzw. 4.2.3); sie kann mündlich, schriftlich oder konkludent erfolgen und jederzeit formlos widerrufen werden. Voraussetzung einer wirksamen Einwilligung ist nach ☞ § 630e BGB, dass der Patient über sämtliche für die Einwilligung wesentlichen Umstände aufgeklärt worden ist (► Kap. 4.2.1).

4.1.3 Krankenhausvertrag

Ein Krankenhaus(aufnahme)vertrag, der die Pflicht eines Krankenhauses zur Versorgung eines Patienten mit allen im Einzelfall nach Art und Schwere seiner Erkrankung notwendigen Leistungen der medizinischen Versorgung nebst Unterkunft und Verpflegung nach § 39 SGB V begründet, stellt eine Art des Behandlungsvertrages dar (► Kap. 4.1.1) und kann in einer von insgesamt drei Ausprägungen abgeschlossen werden. In Betracht kommt insofern eine totaler Krankenhausvertrag, ein Krankenhausvertrag mit Arztzusatzvertrag und ein gespaltener Krankenhausvertrag (hierzu *Rehborn*, in: *Huster/Kaltenborn* 2018, § 14 sowie *Stollmann/Wollschläger*, in: *Laufs* et al. 2019, § 88).

Der Regelvertragstypus ist der sog. *einheitliche* oder *totale Krankenhausvertrag*. Hier schließt der Patient einen Vertrag über alle für die stationäre Behandlung erforderlichen Leistungen i. S. d. ☞ § 39 Abs. 1 Satz 3 SGB V, die – der Einheitlichkeit des Vertrages entsprechend – in Gänze vom Krankenhaus bzw. dessen Träger zu erbringen sind. Vertragsinhalt sind dementsprechend alle Regel- bzw. allgemeinen Krankenhausleistungen i. S. d. ☞ § 39 Abs. 1 Satz 3 SGB V bzw. des ☞ § 2 Abs. 2 Satz 1 KHEntgG. Wünscht der Patient darüber hinausgehende medizinische oder nichtmedizinische Zusatzleistungen (bspw. eine besondere Diagnostik oder die Unterbringung in einem Einzelzimmer), können auch sie vertraglich vereinbart werden; die Kosten hierfür sind indes vom Patienten selbst zu übernehmen und unterliegen nicht der Kostenerstattungspflicht der Krankenkasse (☞ § 17 KHEntgG). Derartige Wahlleistungen setzen zu ihrer Wirksamkeit vor allem voraus, dass sie schriftlich vereinbart worden sind, der Patient vor Abschluss der Vereinbarung schriftlich über den Inhalt der Wahlleistungen und die dafür zu zahlenden Entgelte informiert worden ist und die Kosten der Wahlleistungen in keinem unangemessenen Verhältnis zu den vereinbarten Leistungen stehen.

Dabei kann im Einzelfall die Abgrenzung zwischen allgemeinen Krankenhaus- und medizinischen Wahlleistungen schwierig sein, da es bei der Krankenhausbehandlung – anders als bspw. in der ambulanten vertragsärztlichen Versorgung nach dem EBM – keinen feststehenden Katalog abrechenbarer Leistungen gibt und die von der Klinik erbrachten Behandlungsmaßnahmen nach Fallpauschalen vergütet werden (► Kap. 3.2.2.2). Maßgebliches Abgrenzungskriterium ist daher die Frage der medizinischen Notwendigkeit:

Ist die in Frage stehende Behandlungsmaßnahme nach dem allgemein anerkannten Stand der medizinischen Erkenntnisse zur Versorgung des Patienten bzw. Versicherten erforderlich (§ 70 Abs. 1 Satz 1 SGB V), handelt es sich um eine zu Lasten der Krankenkasse nach § 39 Abs. 1 Satz 3 SGB V zu erbringende allgemeine Krankenhausleistung. Sind i. S. d. § 12 Abs. 1 SGB V wirtschaftlichere Alternativen denkbar, ist die Leistung als Wahlleistung gesondert abzurechnen.

Beim *Krankenhausvertrag mit Arztzusatzvertrag* werden vom Patienten zwei Verträge geschlossen: ein einheitlicher Krankenhausvertrag über die allgemeinen Krankenhausleistungen mit dem aufnehmenden Krankenhaus bzw. dessen Träger und ein Zusatzvertrag über ärztliche Wahlleistungen (oder besser: wahlärztliche Leistungen) mit einem in der Klinik beschäftigten und zum Anbieten von derartigen Leistungen befugten Arzt (i. d. R. ein Chefarzt). Dabei bleibt das Krankenhaus zur Erbringung der Regelleistungen verpflichtet; der ärztliche Vertragspartner des Zusatzvertrages schuldet die Erbringung der Wahlleistungen. Auch hier erfolgt die Abrechnung über die der Erkrankung zugrunde liegende DRG nur für die allgemeinen Krankenhausleistungen (► Kap. 3.2.2.2); die nicht von der Krankenkasse übernommenen Kosten der wahlärztlichen Leistungen können grundsätzlich gesondert liquidiert werden (☞ § 17 KHEntgG), wobei sie ebenfalls schriftlich zu vereinbaren sind und der Patient zuvor schriftlich über die anfallenden Kosten in Kenntnis gesetzt worden sein muss.

Beim *gespaltenen Krankenhausvertrag* werden vom Patienten ebenfalls zwei Verträge geschlossen: einer mit dem Krankenhaus(träger), der nur die Unterbringung, die Verpflegung und die allgemeine (insbesondere pflegerische) Versorgung beinhaltet, und einer mit einem im Krankenhaus tätigen Arzt, der regelmäßig (nicht angestellter) Belegarzt i. S. d. ☞ § 18 KHEntgG bzw. des ☞ § 121 SGB V ist und der aufgrund des mit ihm geschlossenen Behandlungs-)Vertrages (ausschließlich) seine ärztliche Dienstleistung schuldet. Hier werden grundsätzlich sämtliche Kosten für die im Rahmen der Krankenhausbehandlung erbrachten Leistungen von der Krankenkasse übernommen: Während die belegärztlichen Leistungen aus der Gesamtvergütung der jeweils zuständigen Kassenärztlichen Vereinigung honoriert werden (§ 121 Abs. 2 SGB V) (► Kap. 3.2.1.3), werden die Leistungen des Krankenhauses vor allem nach der üblichen DRG-Systematik vergütet (► Kap. 3.2.2.2), wobei indes Abschläge für die ersparten Aufwendungen der ärztlichen Behandlung zu berücksichtigen sind (§ 18 Abs. 2 und 3 KHEntgG).

4.1.4 Pflegevertrag

Als weitere, besondere Art des Dienstvertrages verpflichtet ein Pflegevertrag den ambulanten Pflegedienst zur sorgfältigen und qualitativ dem Stand pflegewissenschaftlicher Erkenntnisse entsprechenden Pflege und Versorgung des pflegebedürftigen Vertragspartners; eine Verbesserung des Pflegezustandes oder eine Minderung der Pflegebedürftigkeit wird – anders als bei einem Werkvertrag – nicht geschuldet. Gegenstand eines solchen Dienstvertrages sind vor allem die Leistungen der häuslichen Pflege nach § 36 SGB XI; diesen sozialversicherungsrechtlich definierten Leistungen entspricht regelmäßig auch die Leistungsvereinbarung im Pflegevertrag. Nicht von der Pflegekasse übernommene Leistungen können darüber hinaus als zusätzliche Leistungen frei vereinbart werden; sie sind indes allein von der pflegebedürftigen Person als Vertragspartnerin des ambulanten Pflegedienstes zu vergüten.

☞ § 120 SGB XI enthält dabei eine Pflicht zur schriftlichen Niederlegung des Pflegevertrages und legt zum Schutz des Pflegebedürftigen auch die Mindestinhalte des Vertrages fest. Danach sind Art, Inhalt und Umfang der Leistungen sowie die Vergütung zu beschreiben, die mit dem Leistungsträger für die Pflegeleistungen und die hauswirtschaftliche Versorgung vereinbart worden sind. Der Vergütungsanspruch des Pflegedienstes richtet sich dementsprechend zunächst gegen die zuständige Pflegekasse; vertraglich vereinbarte Leistungen, die hinsichtlich ihrer Art oder ihres Umfangs nicht der Leistungspflicht der Pflegekasse unterliegen, sind dem Pflegebedürftigen direkt und gesondert in Rechnung zu stellen.

4.1.5 Heimvertrag

Die rechtlichen Grundlagen des Heimvertrages finden sich im *Wohn- und Betreuungsvertragsgesetz* (WBVG), das im Jahr 2009 das nicht mehr geltende *Heimgesetz* (HeimG) abgelöst hat. Es gilt unter anderem für Verträge zwischen stationären Pflegeeinrichtungen und deren Bewohnern (im Gesetz Unternehmer und Verbraucher genannt), mit denen sich das Heim zur Überlassung von Wohnraum und zur Erbringung von Pflege- und Betreuungsleistungen verpflichtet (☞ § 1 Abs. 1 WBVG).

Bereits vor Abschluss eines Heimvertrages treffen den Heimbetreiber bestimmte Informationspflichten (☞ § 3 WBVG). Diese umfassen zum einen das allgemeine Leistungsangebot der Einrichtung, wie etwa die Ausstattung und die Lage des Gebäudes, das Spektrum an angebotenen Leistungen oder die Ergebnisse von Qualitätsprüfungen, sowie zum anderen die konkreten Leistungen, die für den potentiellen Bewohner in Betracht kommen, einschließlich der Angaben der dafür zu zahlenden Entgelte.

Kommt es zum Abschluss des Vertrages, werden diese vorvertraglichen Informationen zu zwingenden Vertragsbestandteilen; weitere Mindestinhalte des Vertrages sind eine Beschreibung der letztendlich tatsächlich vereinbarten Leistungen nach Art, Inhalt und Umfang sowie die für diese Leistungen zu zahlenden Entgelte (unterteilt nach den Entgelten für die Unterkunft, die Verpflegung, die Pflege- und Betreuungsleistungen sowie einzelne weitere Leistungsentgelte und gesondert berechenbare Investitionskosten) (☞ § 6 Abs. 3 WBVG). Der Vertrag ist dabei grundsätzlich schriftlich und unbefristet abzuschließen (§ 6 Abs. 1 bzw. § 4 Abs. 1 WBVG); bei Verträgen mit Bewohnern, die Leistungen der sozialen Pflegeversicherung beziehen, ist der Heimbetreiber zudem verpflichtet, die Vertragsinhalte mit dem Sozialleistungsrecht des SGB XI abzustimmen (§ 15 WBVG) (▶ Kap. 2.2.2).

Zur Erfüllung des Vertrages ist der Heimbetreiber verpflichtet, dem Bewohner den Wohnraum in einem zum vertragsgemäßen Gebrauch geeigneten Zustand zu überlassen sowie die vertraglich vereinbarten Pflege- und Betreuungsleistungen nach dem allgemein anerkannten Stand fachlicher Erkenntnisse zu erbringen (§ 7 Abs. 1 WBVG). Den Bewohner wiederum trifft vor allem die Pflicht, das vereinbarte Entgelt zu zahlen, soweit es „angemessen" ist (§ 7 Abs. 2 WBVG); dies ist dann der Fall, wenn es sich im Rahmen der nach §§ 84 ff. SGB XI vereinbarten Sätze bewegt (▶ Kap. 3.3.3.1) (vgl. etwa *Kempchen*, in: *Dickmann* 2014, § 7 WBVG Rdnr. 8). Zum Verbraucherschutz sieht das Gesetz darüber hinaus umfangreichere Regelungen zu den Rechten der Bewohner bei Nicht- oder Schlechtleistung, bei erforderlichen Vertragsanpassungen und Entgelterhöhungen oder bei der Beendigung des Heimvertrages vor (☞ §§ 8 ff. WBVG).

4.2 Patientenautonomie

Hecker, Sonja und *Kieser*, Bernd: Praxishandbuch Vorsorgevollmacht und Patientenverfügung. Rechtsgrundlagen, Gestaltung, Einsatz, Köln 2017 | *Jürgens*, Andreas (Hrsg.): Betreuungsrecht. Kommentar, München 6. Aufl. 2019 | *Jurgeleit*, Andreas (Hrsg.): Betreuungsrecht. Handkommentar, Baden-Baden 4. Aufl. 2018 | *Katzenmeier*, Christian: Patientenautonomie und Patientenrechte, in: Bundesgesundheitsblatt 2012, 1093–1099 | *Meier*, Sybille M. und *Deinert*, Horst: Handbuch Betreuungsrecht, Heidelberg 2. Aufl. 2016 | *Raak*, Wolfgang und *Thar*, Jürgen: Leitfaden Betreuungsrecht für Betreuer, Vorsorgebevollmächtigte, Angehörige, Betroffene, Ärzte und Pflegekräfte, Köln 7. Aufl. 2018 | *Roxin*, Claus: Zur strafrechtlichen Beurteilung der Sterbehilfe, in: Roxin, Claus und Schroth, Ulrich (Hrsg.): Handbuch des Medizinstrafrechts, Stuttgart et al. 4. Aufl. 2010, 75–122.

Mit dem Recht auf allgemeine Handlungsfreiheit nach Art. 2 Abs. 1 GG schützt die Verfassung auch das Selbstbestimmungsrecht von Patienten, also die sog. Patientenautonomie. Danach darf grundsätzlich keine medizinische Maßnahme bzw. pflegerische Intervention gegen den freien Willen des Betroffenen erbracht bzw. durchgeführt werden. Patienten entscheiden also regelmäßig selbstbestimmt und eigenverantwortlich darüber, ob sie – kurz gefasst – überhaupt einen Antrag auf Sozialleistungen stellen (☞ § 19 Satz 1 SGB IV und § 16 SGB I) bzw. einen Vertrag zur Bewirkung der Leistung mit einem Leistungserbringer abschließen möchten (▶ Kap. 4.1), und vor allem darüber, ob, auf welche Art und Weise und gegebenenfalls für welche Dauer eine medizinische bzw. pflegerische Maßnahme tatsächlich durchgeführt werden soll. Im Behandlungsverhältnis zwischen ihnen und den Leistungsbringern bringen sie diese auf ihrer Patientenautonomie beruhende Entscheidung mit der Einwilligung in eine bestimmte Gesundheitsmaßnahme zum Ausdruck, die neben einer vorherigen Aufklärung über die medizinische bzw. pflegerische Intervention vor alle eine Einwilligungs*fähigkeit* des Patienten voraussetzt (▶ Kap. 4.2.1).

Patientenautonomie

Die Patientenautonomie beinhaltet vor allem das Recht, frei zu entscheiden, ob, wie und wie lange eine Behandlungsmaßnahme oder eine pflegerische Intervention durchgeführt werden soll. Eine entsprechende Einwilligung setzt neben der Einwilligungsfähigkeit des Patienten grundsätzlich eine vorherige Aufklärung durch die leistungserbringende Person voraus.

(*Kostorz* 2019a, 774)

Ist ein Patient aufgrund seiner gesundheitlichen Disposition nicht (mehr) in der Lage, eine wirksame Einwilligung in eine Behandlungsmaßnahme bzw. pflegerische Intervention zu erteilen, hängt die Entscheidung über die Durchführung einer erforderlichen Behandlung zunächst von der Frage ab, ob die Maßnahme derart eilbedürftig ist, dass von einem Notfall ausgegangen werden muss; in diesem Fall hat die Versorgung des Patienten nach den Grundsätzen der sog. Geschäftsführung ohne Auftrag zu erfolgen (▶ Kap. 4.2.5). Kann die erforderliche Maßnahme (zumindest begrenzt) zeitlich verschoben werden, ist dem Patienten im Falle seiner Einwilligungsunfähigkeit regelmäßig ein rechtlicher Betreuer zur Seite zu stellen, der mit einer entsprechenden Entscheidungsbefugnis ausgestattet ist und so stellvertretend für den Patienten in die in Frage stehende Gesundheitsmaßnahme einwilligen kann (▶ Kap. 4.2.2). Vorsorge für den Fall einer gegebenenfalls später eintretenden Einwilligungs- bzw. Entscheidungsunfähigkeit kann ein Patient durch eine Vorsorgevollmacht und/oder eine Patientenverfügung treffen (▶ Kap. 4.2.3 und 4.2.4). Insgesamt bestimmt sich die rechtliche Zulässigkeit der Behandlung bzw. Versorgung eines Patienten damit vor allem nach dessen Einwilligung bzw. Einwilligungsfähigkeit; ergänzend orientiert sie sich an den Kriterien des Vorliegens eines Notfalls, der Bestellung eines Betreuers bzw. der Benennung eines Vorsorgebevollmächtigten und der Existenz einer rechtswirksamen Patientenverfügung (Abb. 19) (hierzu insgesamt *Kostorz* 2011a).

Hinsichtlich der Berücksichtigung des (tatsächlichen bzw. mutmaßlichen) Patientenwillens lässt sich daraus zudem eine gewisse Rangordnung ableiten (Abb. 20), nach der bei einer erforderlichen medizinischen Behandlung bzw. pflegerischen Intervention zunächst der in einer Einwilligung oder einer Patientenverfügung erklärte tatsächliche Wille des Patienten zu berücksichtigen ist (▶ Kap. 4.2.1 bzw. 4.2.4). Ist der Patient einwilligungsunfähig, kann die Einwilligung stellvertretend entweder vorrangig durch einen Vorsorgebevollmächtigten (▶ Kap. 4.2.3) oder nachrangig durch einen Betreuer (▶ Kap. 4.2.4) erklärt werden, die beide verpflichtet sind, sich bei ihrer Entscheidung auf eine eventuell vorliegende Patientenverfügung zu beziehen oder den mutmaßlichen Willen des Patienten zu berücksichtigen. Insbesondere in Notfallsituationen, bei denen eine Behandlungsmaßnahme unaufschiebbar ist und nicht auf eine Entscheidung des Patienten oder eines Betreuers bzw. Vorsorgebevollmächtigten zurückgegriffen werden kann (▶ Kap. 4.2.6), erfolgt die Behandlung regelmäßig nach dem üblichen medizinisch-pflegerischen Standard und dem Grundsatz *in dubio pro sanitate et vita*.

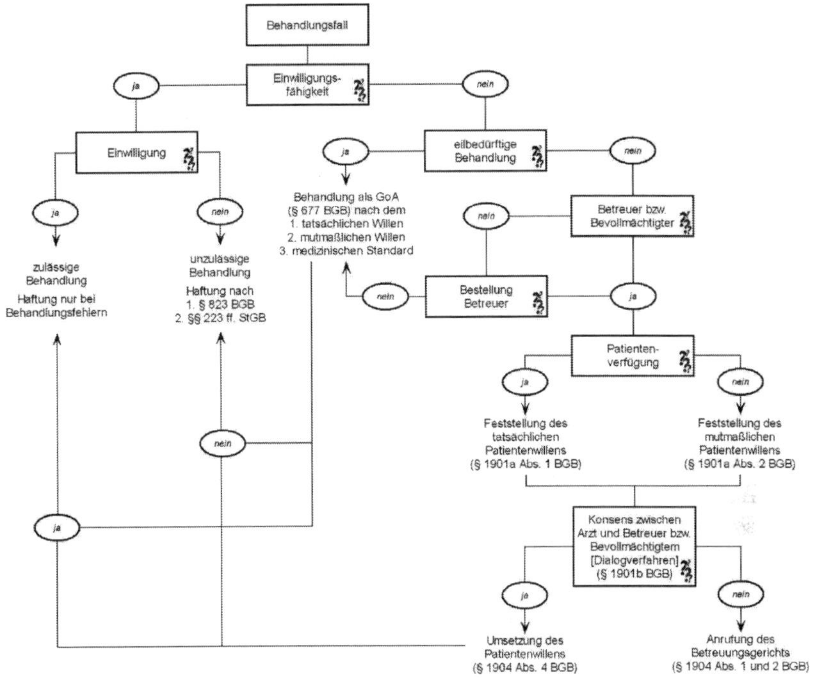

Behandlungsfall
Einwilligungs-fähigkeit
ja
nein
Einwilligung
ja
nein
zulässige Behandlung
Haftung nur bei Behandlungsfehlern
unzulässige Behandlung
Haftung nach
1. § 823 BGB
2. §§ 223 ff. StGB
eilbedürftige Behandlung
ja
nein
Behandlung als GoA (§ 677 BGB) nach dem
1. tatsächlichen Willen
2. mutmaßlichen Willen
3. medizinischen Standard
Betreuer bzw. Bevollmächtigter
nein
Bestellung Betreuer
nein
ja
Patienten-verfügung
ja
nein
Feststellung des tatsächlichen Patientenwillens (§ 1901a Abs. 1 BGB)
Feststellung des mutmaßlichen Patientenwillens (§ 1901a Abs. 2 BGB)
nein
ja
Konsens zwischen Arzt und Betreuer bzw. Bevollmächtigtem [Dialogverfahren] (§ 1901b BGB)
ja
nein
Umsetzung des Patientenwillens (§ 1904 Abs. 4 BGB)
Anrufung des Betreuungsgerichts (§ 1904 Abs. 1 und 2 BGB)

Abb. 19: Behandlung bzw. Versorgung (nicht) einwilligungsfähiger Patienten

Einwilligung des Patienten
Patientenverfügung
mutmaßlicher Wille des Patienten
Erklärung eines Vorsorgebevollmächtigten
Erklärung eines Betreuers
in dubio pro sanitate et vita

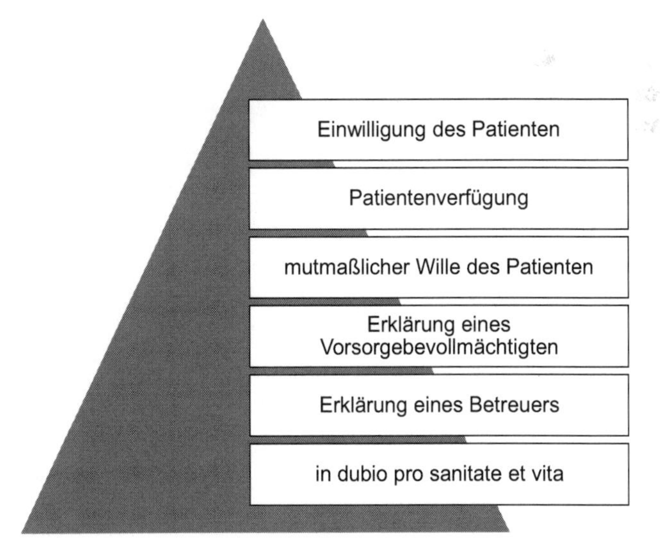

Abb. 20: Rangfolge zur Berücksichtigung des (mutmaßlichen) Patientenwillens

Einschränkungen der Patientenautonomie ergeben sich vor allem im Falle einer medizinisch begründeten zwangsweisen Unterbringung oder Zwangsbehandlung, da hier zum Zwecke des Selbst- oder Fremdschutzes gegen den natürlich geäußerten Willen des Betroffenen gehandelt wird (▶ Kap. 4.2.6), und bei der Sterbehilfe, da der Wunsch zu sterben nicht vorbehaltlos von der Patientenautonomie nach Art. 2 Abs. 1 GG gedeckt ist (▶ Kap. 4.2.7).

4.2.1 Einwilligung und Einwilligungsfähigkeit

Nach allgemeiner Auffassung erfüllt nahezu jede medizinische Maßnahme bzw. pflegerische Intervention den haftungsrechtlich relevanten Tatbestand der unerlaubten Handlung nach § 823 BGB und kann gegebenenfalls auch nach den Vorschriften der §§ 223 ff. StGB strafrechtlich verfolgt werden. Haftungsbefreiend wirkt dabei regelmäßig eine vom Patienten erteilte Einwilligung in die entsprechende Gesundheitsmaßnahme. Sie ist juristisch als sog. Rechtfertigungsgrund zu qualifizieren, dessen Vorliegen den Leistungserbringer von der grundsätzlich bestehenden Haftungspflicht dispensiert; dieser kann beim Vorliegen einer wirksamen Einwilligung also nur dann zur Verantwortung gezogen werden, wenn ihm ein schuldhaft verursachter Behandlungs- bzw. Pflegefehler nachgewiesen werden kann (▶ Kap. 4.3).

Eine wirksame Einwilligung des Patienten setzt dabei zunächst dessen Einwilligungs*fähigkeit* voraus. Als einwilligungsfähig ist der Betroffene dann anzusehen, wenn er Art, Bedeutung, Tragweite und auch die Risiken der in Frage stehenden Maßnahmen geistig-intellektuell erfassen kann, er seinen Willen entsprechend frei bestimmen kann und er in der Lage ist, nach dieser Einsicht zu handeln. Die Einwilligungsfähigkeit ist insofern vor allem von der zivilrechtlichen Geschäftsfähigkeit (☞ §§ 104 und 106 BGB) abzugrenzen, daneben aber auch von der sozialrechtlichen Handlungsfähigkeit im Sinne des ☞ § 36 SGB I; bei ihr geht es einzig und allein um die frei zu bildende Entscheidung des Patienten, was mit seiner Gesundheit, seinem Körper und/oder seinem Leben geschehen soll – oder eben nicht. In diesem Sinne einsichts- und damit einwilligungsfähig können demnach auch Minderjährige oder Menschen mit mehr oder weniger erheblichen kognitiven oder geistig-psychischen Beeinträchtigungen sein.

Einwilligungsfähigkeit

Einwilligungsfähigkeit ist die Fähigkeit, Art, Bedeutung, Tragweite und Risiken einer Gesundheitsmaßnahme geistig-intellektuell erfassen, seinen Willen entsprechend frei bestimmen und sein Handeln nach dieser Einsicht ausrichten zu können.

(*Kostorz* 2011a, 15)

Das Selbstbestimmungsrecht des Patienten schützt dabei auch Entscheidungen, die aus medizinischen Gründen unvertretbar sind (*BGH* vom 7. Februar 1984 [Az. VI ZR 174/82]) – und das in zweierlei Hinsicht: Zum einen haben Betroffene das Recht, medizinisch notwendige oder sogar lebensrettende Maßnahmen zu verweigern („Recht auf Krankheit bzw. Sterben“). Zum anderen können sie vertraglich Behandlungen bzw. Eingriffe vereinbaren, die medizinisch nicht (unbedingt) notwendig bzw. indiziert sind; in diesem Fall besteht indes weder eine Leistungspflicht eines Kostenträgers, der an das Wirtschaftlichkeitsgebot vor allem des § 12 SGB V gebunden ist, noch eine Versorgungs- bzw. Behandlungspflicht des Leistungserbringers, der sich ebenso wie der Patient auf seine (hier negative) Handlungsfreiheit des Art. 2 Abs. 1 GG berufen kann.

Die Wirksamkeit der Einwilligung setzt dabei zum einen voraus, dass diese dem Grunde nach überhaupt zulässig ist; so fehlt die Zulässigkeit einer Einwilligung bspw. bei dem Wunsch bzw. Willen, sich von einer anderen Person durch aktive Sterbehilfe töten zu lassen (sog. Tötung auf Verlangen nach ☞ § 223 StGB). Zum anderen dürfen ihr keine sog. Einwilligungsmängel zugrunde liegen; in Betracht kommen insofern etwa Drohungen oder Täuschungshandlungen durch die behandelnde bzw. pflegende Person, aufgrund derer sich der Patient veranlasst sieht, eine Einwilligung in eine Behandlungsmaßnahme bzw. pflegerische Intervention (gegen seinen eigentlichen Willen) zu erteilen. Abgegeben werden kann eine Einwilligungserklärung regelmäßig mündlich oder schriftlich; denkbar ist zudem eine sog. konkludente Einwilligung, also eine Einwilligung durch schlüssiges Verhalten.

Voraussetzung einer wirksamen Einwilligung ist – insbesondere nach den Maßgaben zum Behandlungsvertrag (▶ Kap. 4.1.2) – zudem, dass der Patient über sämtliche für die Einwilligung wesentlichen Umstände aufgeklärt worden ist (☞ § 630e BGB). Dazu gehören vor allem Art, Umfang, Durchführung und zu erwartende Folgen bzw. Risiken der Maßnahme, deren Notwendigkeit, Dringlichkeit, Eignung und Erfolgsaussichten im Hinblick auf die Diagnose und/oder die Therapie sowie mögliche Alternativen zu der geplanten Maßnahme. Die Aufklärung kann mündlich erfolgen (ergänzend kann auch auf Unterlagen Bezug genommen werden, die der Patient in Textform erhält), muss für den Patienten verständlich sein und so rechtzeitig erfolgen, dass der Patient seine Entscheidung über die Einwilligung wohlüberlegt treffen kann.

4.2.2 Rechtliche Betreuung

4.2.2.1 Voraussetzungen

Ist ein Patient aufgrund seiner gesundheitlichen Disposition (bspw. aufgrund von dementiellen Veränderungen) nicht mehr in der Lage, selbstständig und frei über bestimmte Angelegenheiten, wie etwa seine Gesundheitsversorgung zu entscheiden und sie zu erledigen, ist ihm vom Betreuungsgericht ein Betreuer zur Seite zu stellen. Das Verfahren der Betreuerbestellung ist im *Familienverfahrensgesetz* (FamFG) geregelt; deren Voraussetzungen ergeben sich aus § 1896 BGB. Danach muss der Betroffene an einer klar diagnostizierbaren psychischen Krankheit oder einer körperlichen, geistigen oder seelischen Behinderung leiden, die kausal dafür ist, dass er bestimmte Angelegenheiten, wie etwa Gesundheitsangelegenheiten ganz oder teilweise nicht mehr selbst erledigen kann (☞ § 1996 Abs. 1 BGB); zudem darf der Unterstützungsbedarf nicht durch anderweitige Hilfe gedeckt werden können (☞ § 1996 Abs. 2 BGB) (Abb. 21).

Initiiert werden kann ein solches Betreuungsverhältnis nur auf Antrag des Betroffenen oder von Amts wegen durch das zuständige Gericht; ein Antragsrecht von Familienangehörigen, Pflegepersonen oder sonstigen nahestehenden Personen besteht in formeller Hinsicht nicht. In der Rechtspraxis behilft man sich in aller Regel damit, dass Angehörige dem Betreuungsgericht eine mögliche Betreuungsbedürftigkeit anzeigen, das dann von sich aus (also von Amts wegen) tätig wird.

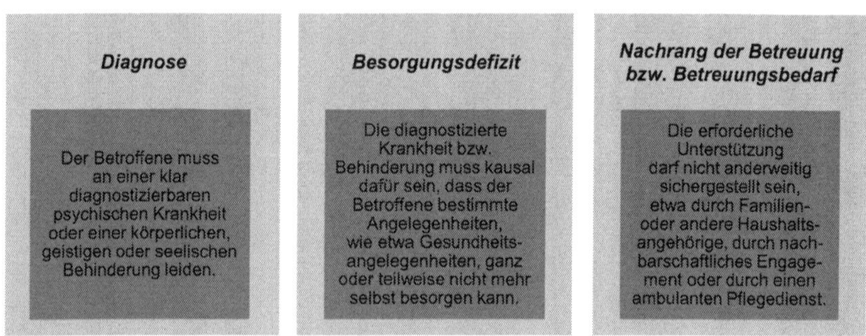

Abb. 21: Voraussetzungen der rechtlichen Betreuung

4.2.2.2 Rechtsfolgen

Ist ein Betreuer bestellt – der nach Möglichkeit vom Betroffenen vorgeschlagen werden oder aus dessen persönlichem bzw. familiärem Umfeld stammen sollte (☞ § 1897 Abs. 4 und 5 BGB) – umfasst die Betreuung alle Tätigkeiten, die erforderlich sind, um die Angelegenheiten des Betreuten rechtlich zu besorgen (§ 1901 Abs. 1 Satz 1 BGB). Das Betreuungsgericht legt dabei im Rahmen des im Einzelfall vorliegenden Betreuungsbedarfs mögliche Aufgabenkreise fest; üblich sind neben der Aufgabe der Gesundheitssorge die Vermögenssorge, die Personensorge, die Vertretung gegenüber Behörden und/oder die Aufenthaltsbestimmung.

Mit seiner Bestellung ist der Betreuer befugt, die in seinem Aufgabenkreis liegenden rechtlichen Angelegenheiten der betreuten Person stellvertretend für diese zu besorgen (☞ § 1902 i. V. m. § 164 BGB); er ist dabei verpflichtet, stets zum Wohl des Betreuten zu handeln und dessen Wünsche soweit wie möglich zu berücksichtigen (☞ § 1901 Abs. 2 und 3 BGB). Da die Betreuung eine sog. überwachte Selbständigkeit des Betroffenen ermöglichen soll und es sich bei ihr keinesfalls um eine Entmündigung handelt, bleibt die betroffene Person dabei grundsätzlich selbst handlungs- und geschäftsfähig, so dass beide – Betreuter und Betreuer – die Möglichkeit haben, wirksame Rechtsgeschäfte gegenüber Dritten vorzunehmen, also bspw. einen Vertrag mit einem Leistungserbringer abzuschließen oder eine Einwilligung in eine medizinische Maßnahme oder eine pflegerische Intervention zu erteilen. Ist die betreffende Person im Einzelfall allerdings einwilligungsunfähig (► Kap. 4.2.1), ist die Einwilligung in eine erforderliche medizinische bzw. pflegerische Maßnahme regelmäßig zwingend vom Betreuer einzuholen (§ 630d Abs. 1 Satz 2 BGB), der dann auch entsprechend aufzuklären ist (§ 630e Abs. 4 BGB). In diesem Fall hat er die Behandlungswünsche oder den mutmaßlichen Willen des vertretenen Betreuten festzustellen und auf dieser Grundlage zu entscheiden, ob er in eine ärztliche Maßnahme bzw. pflegerische Intervention einwilligt oder sie untersagt (§ 1901a Abs. 2 Satz 1 BGB).

Eine Besonderheit ergibt sich, wenn die begründete Gefahr besteht, dass der Betreute infolge oder aufgrund einer Untersuchung, einer Heilbehandlung oder eines ärztlichen Eingriffs stirbt oder einen schweren und länger andauernden gesundheitlichen Schaden erleidet. In diesem Fall bedarf die Einwilligung des Betreuers der Genehmigung des Betreuungsgerichts; ohne die Genehmigung darf die Maßnahme nur durchgeführt werden, wenn mit ihrem Aufschub Gefahr verbunden, sie also in diesem Sinne unaufschiebbar ist (§ 1904 Abs. 1 BGB). Könnten die genannten Folgen aus einer Nichteinwilligung oder einem Widerruf der Einwilligung des Betreuers in eine Untersuchung des Gesundheitszustands, eine Heilbehandlung oder einen ärztlichen

Eingriff des Betreuten resultieren, so bedarf auch diese Nichteinwilligung bzw. der Widerruf der Einwilligung einer Genehmigung des Betreuungsgerichts (§ 1904 Abs. 1 BGB).

Eine Ausnahme zur grundsätzlich weiterhin bestehenden (vollen) Geschäfts- und rechtlichen Handlungsfähigkeit der betreuten Person gilt zudem dann, wenn eine gesundheitlich bedingte kognitive Einschränkung die freie Willensbestimmung des Betreuten nicht nur vorübergehend ausschließt; in diesem Fall ist tatsächlich von dessen Geschäfts*un*fähigkeit auszugehen (☞ § 104 Nr. 2 i. V. m. § 105 Abs. 1 BGB). Ist die kognitive Einschränkung der betroffenen Person (noch) nicht derart ausgeprägt, kann das Betreuungsgericht zudem einen sog. Einwilligungsvorbehalt anordnen, wenn dies zur Abwendung einer erheblichen Gefahr für die Person des Betreuten oder dessen Vermögen erforderlich ist (☞ § 1903 BGB) (hierzu etwa *Kostorz* 2011b). Liegt ein solcher Einwilligungsvorbehalt vor, bedarf es zur Wirksamkeit einer Willenserklärung der betreuten Person, die den Aufgabenkreis des Betreuers betrifft, dessen Einwilligung, also seiner vorherigen Zustimmung. Dies trifft – sofern sich die Betreuungsaufgabe bspw. (auch) auf die Gesundheitssorge bezieht – mithin auch auf Willenserklärungen zu, die auf den Abschluss eines Behandlungsvertrages oder eines vergleichbaren Vertrages gerichtet sind (▶ Kap. 4.1). Schließt der Betreute einen Vertrag ohne die Einwilligung (vorherige Zustimmung [§ 183 Satz 1 BGB]) des Betreuers, ist dieser zunächst schwebend unwirksam, also weder wirksam noch unwirksam. Die Wirksamkeit des Vertrags hängt nun davon ab, ob der Betreuer eine Genehmigung (nachträgliche Zustimmung [§ 184 Abs. 1 BGB]) erteilt (☞ § 1903 Abs. 1 Satz 2 i. V. m. ☞ § 108 BGB): Erteilt der Betreuer die Genehmigung, wird der Vertrag rückwirkend wirksam. Erteilt er die Genehmigung nicht, wird der Vertrag rückwirkend unwirksam; in diesem Fall muss der Vertrag gegebenenfalls nach den Bestimmungen zur ungerechtfertigten Bereicherung rückabgewickelt werden (§§ 812 ff. BGB). Ähnliches gilt für die Einwilligung in eine medizinische Behandlungsmaßnahme bzw. pflegerische Intervention als sog. einseitiges Rechtsgeschäft: Wird sie vom Betreuten ohne vorherige Zustimmung des Betreuers erteilt, ist sie grundsätzlich unwirksam (☞ § 1903 Abs. 1 Satz 2 i. V. m. ☞ § 111 BGB).

4.2.2.3 Betreuungsverfügung

Um für den Fall einer gegebenenfalls später erforderlich werdenden Betreuerbestellung vorzubeugen, kann die Möglichkeit einer Betreuungsverfügung nach ☞ § 1897 Abs. 4 BGB genutzt werden, in der Wünsche für eine spätere Betreuung geäußert werden können oder mit der eine Person vorgeschlagen werden kann, die zum Betreuer bestellt werden soll; möglich ist ebenfalls der Vorschlag, eine bestimmte Person nicht zu bestellen.

Betreuungsverfügung

Eine Betreuungsverfügung ist eine richtungweisende Verfügung für eine eventuell später erforderliche Betreuung und/oder in Bezug auf die Person des Betreuers.

4.2.3 Vorsorgevollmacht

Eine (weitere) Möglichkeit der Patientenvorsorge bietet die Vorsorgevollmacht; ihr liegen die Grundsätze der rechtsgeschäftlichen Stellvertretung nach ☞ §§ 164 ff. BGB zugrunde. So kann eine Person (des Vertrauens) damit bevollmächtigt werden, stellvertretend für den Vollmachtgeber rechtsgeschäftlich tätig zu werden. Eine entsprechende Vollmacht kann dabei auf einzelne Rechtsgeschäfte beschränkt werden (z. B. Gesundheitssorge, Vermögensverwaltung oder Aufenthaltsbestimmung) oder als sog. Generalvollmacht erteilt werden. Sie kann grundsätzlich formfrei ausgesprochen werden und bleibt im Falle der Geschäftsunfähigkeit des Vertretenen weiter bestehen (§ 130 Abs. 2 BGB).

Vorsorgevollmacht

Mit einer Vorsorgevollmacht bevollmächtigt eine Person eine andere (Vertrauens)Person damit, im Falle ihrer eigenen Einwilligungs- bzw. Entscheidungsunfähigkeit ihre Angelegenheiten, wie etwa ihre Gesundheitsangelegenheiten für sie zu erledigen.

(*Kostorz* 2019a, 775)

Mit der Erteilung der Vorsorgevollmacht ist der Vorsorgebevollmächtigte befugt, im Falle einer Einwilligungsunfähigkeit des Vollmachtgebers stellvertretend für diesen über den Abschluss eines Vertrages mit einem Leistungserbringer zu entscheiden und/oder in eine medizinische Maßnahme bzw. pflegerische Intervention einzuwilligen. Da ihm damit grundsätzlich die gleichen rechtlichen Möglichkeiten eingeräumt werden wie einem gerichtlich bestellten Betreuer und auf diese Weise sichergestellt ist, dass etwa die Gesundheitsangelegenheiten des Patienten durch eine dritte Person (stellvertretend) besorgt werden können, kann die Erteilung einer Vorsorgevollmacht die Bestellung eines Betreuers verhindern (Prinzip des Nachrangs der Betreuung i. S. d. § 1896 Abs. 2 BGB) – der Vorsorgebevollmächtigte nimmt insofern die rechtliche Stellung eines ansonsten zu bestellenden Betreuers ein (vgl. etwa § 1901a Abs. 6 oder § 1904 Abs. 5 Satz 1 BGB).

Wichtig zu betonen ist in diesem Zusammenhang, dass eine Eheschließung – anders als weitläufig angenommen – keine („automatische“) Vorsorgebevollmächtigung umfasst. Ein Ehepartner hat also dem Grunde nach keine Befugnis, in medizinischen Fragen stellvertretend und mit Wirkung für den jeweils anderen Entscheidungen zu treffen und entsprechend rechtlich zu handeln. Ist dies gewünscht, müssen sich die Eheleute (gegebenenfalls gegenseitig) daher ebenfalls eine Vorsorgevollmacht erteilen. Ein Gesetzentwurf, der für den Fall der Einwilligungsunfähigkeit eines Ehepartners eine gesetzlich eintretende Vertretungsmacht des Ehegatten für Gesundheitsangelegenheiten vorsah (BR-Drucks. 505/16), konnte bislang noch nicht verabschiedet werden.

4.2.4 Patientenverfügung

Um für den Fall vorzubeugen, später einmal nicht mehr selber entscheidungs- bzw. einwilligungsfähig zu sein, können Patienten neben einer Vorsorgevollmacht auch das rechtliche Instrument der Patientenverfügung als sog. antizipierte, also vorweggenommene Einwilligung nutzen, welche in § 1901a Abs. 1 BGB legaldefiniert ist. Mit einer solchen Patientenverfügung haben sie die Möglichkeit, bereits frühzeitig festzulegen, welche Behandlungsmöglichkeiten sie sich bei einer in Zukunft eventuell eintretenden Entscheidungsunfähigkeit wünschen und welche sie ablehnen.

Patientenverfügung

Mit einer Patientenverfügung legt eine (noch) einwilligungsfähige Person für den Fall einer eventuell eintretenden Einwilligungsunfähigkeit schriftlich fest, ob sie in bestimmte, zum Zeitpunkt der Äußerung des Willens noch nicht unmittelbar bevorstehende medizinische Behandlungs- bzw. Versorgungsmaßnahmen einwilligt oder diese untersagt.

(§ 1901a Abs. 1 BGB)

4.2.4.1 Voraussetzungen

Da es sich bei einer Patientenverfügung um eine antizipierte, also vorweggenommene Einwilligung bzw. Nichteinwilligung in medizinische Maßnahmen handelt, unterscheidet sie sich von einer (regulären) Einwilligung i. S. d. § 630d BGB (▶ Kap. 4.2.1) vor allem hinsichtlich des Zeitpunktes, zu dem die Willensbekundung geäußert wird: Während eine reguläre Einwilligung in Zusammenhang mit einem bereits eingetretenen Behandlungs- bzw. Versorgungsbedarf erteilt wird, zielt eine Patientenverfügung auf die Zustimmung bzw. Ablehnung von medizinischen Maßnahmen ab, die gegebenenfalls in Zukunft erforderlich werden könnten. Unabdingbar für die Gültigkeit einer

Patientenverfügung sind dabei die folgenden Voraussetzungen, die sich im Wesentlichen aus ☞ § 1901a Abs. 1 BGB ergeben:

1. Da es sich bei einer Patientenverfügung um eine besondere, nämlich eine antizipierte (Nicht-)Einwilligung in bestimmte Heilmaßnahmen handelt, muss der Patient auch bei dieser Willensbekundung zum Zeitpunkt ihres Abfassens bzw. ihrer Abgabe einwilligungsfähig gewesen sein (▶ Kap. 4.2.1). Diese Grundvoraussetzung einer rechtswirksamen Einwilligung muss also auch bei einer antizipierten Einwilligung in Form einer Patientenverfügung vorliegen.

2. Die Patientenverfügung muss dem Erfordernis der Schriftform genügen; sie muss als Urkunde von ihrem Aussteller daher eigenhändig durch Namensunterschrift (oder mittels notariell beglaubigten Handzeichens) unterzeichnet worden sein (§ 126 BGB).

3. Die Patientenverfügung darf sich nicht auf unmittelbar bevorstehende Behandlungsmaßnahmen beziehen. Bei einer solchen Zustimmung handelte es sich vielmehr um eine reguläre Einwilligung, die grundsätzlich formlos erfolgen kann.

4. Die Regelungen der Patientenverfügung müssen ausreichend bestimmt sein; sie müssen erkennen lassen, dass sich der Patient ganz bewusst dafür entschieden hat, in gewissen Situationen bzw. bei konkreten Indikationen auf bestimmte Maßnahmen zu verzichten bzw. diese einzufordern. Nicht ausreichend wäre demnach die Formulierung allgemeiner Richtlinien für eine künftige Behandlung („Wenn ich einmal sehr krank und nicht mehr in der Lage bin, ein für mich erträgliches umweltbezogenes Leben zu führen, möchte ich würdevoll sterben dürfen.“).

Dabei hat sich der Gesetzgeber dafür entschieden, eine Patientenverfügung ohne vorherige ärztliche Aufklärung oder Beratung rechtswirksam und verbindlich werden zu lassen. Dies betrifft vor allem den (für eine Patientenverfügung typischen) Fall der Untersagung bestimmter ärztlicher Maßnahmen, da eine Nichtinanspruchnahme ärztlicher Leistungen ebenso naturgemäß wie generell ohne Aufklärung möglich ist. Willigt der Verfasser einer Patientenverfügung ausdrücklich in eine bestimmte Behandlung ein – etwa weil er sich aus religiöser oder ethischer Überzeugung explizit für eine Reanimation und/oder eine künstliche Beatmung ausspricht, auch wenn sein Leben dadurch nur für (ganz) kurze Zeit verlängert werden kann – kann er (analog zu § 630d Abs. 3 BGB) ebenfalls auf eine ärztliche Aufklärung verzichten, auch wenn sie vor der Erstellung einer Patientenverfügung regelmäßig hilfreich sein dürfte.

Rechtlich dem Grunde nach nicht erforderlich ist es, eine einmal abgefasste Patientenverfügung in regelmäßigen Abständen zu erneuern. In der Rechtspraxis wird dies indes empfohlen, um zu dokumentieren, dass der in der Patientenverfügung geäußerte Wille nach wie vor den bestehenden Wünschen an künftige Behandlungsmaßnahmen entspricht. Diesbezüglich ist zudem zu beachten, dass eine Patientenverfügung von ihrem Verfasser jederzeit widerrufen werden kann (§ 1901a Abs. 1 Satz 3 BGB). Ein solcher Widerruf kann schriftlich oder mündlich, durch die Vernichtung der Patientenverfügung oder durch die Abfassung einer neuen Patientenverfügung erfolgen; möglich ist zudem auch ein Widerruf mittels situativ-spontanen (konkludenten) Handelns.

4.2.4.2 Rechtsfolgen

Tritt nach dem Abfassen der Patientenverfügung eine Lebens- bzw. Behandlungssituation ein, für die der Patient eine entsprechende Verfügung verfasst hat, ist es Aufgabe des Betreuers bzw. des Vorsorgebevollmächtigten, dem hierin kundgetanen Willen des Patienten „Ausdruck und Geltung“ zu verschaffen (§ 1901a Abs. 1 Satz 2 BGB); dieser hat mithin dafür Sorge zu tragen, dass der in der Patientenverfügung geäußerte Patientenwille tatsächlich umgesetzt wird. Zu betonen ist dabei, dass der Betreuer bzw. Vorsorgebevollmächtigte in diesem Fall – obwohl er dem Grunde nach dazu befugt bzw. bevollmächtigt ist – keine eigene Erklärung zur Einwilligung in bestimmte ärztliche oder pflegerische Maßnahmen bzw. deren Untersagung abgibt, sondern lediglich dem in der Patientenverfügung manifestierten Willen des Patienten zur Durchsetzung verhilft.

Kann auf eine rechtsgültige Patientenverfügung hingegen nicht zurückgegriffen werden (sei es, weil der Patient keine entsprechende Verfügung verfasst hat, sie zu unbestimmt ist oder sie auf eine andere Indikation bzw. Lebens- und Behandlungssituation als eingetreten bezogen ist), hat der Betreuer bzw. der Vorsorgebevollmächtigte die mutmaßlichem Behandlungswünsche des Patienten festzustellen und auf dieser Grundlage zu entscheiden, ob er in die indizierte ärztliche Maßnahme einwilligt oder sie untersagt (§ 1901a Abs. 2 Satz 1 BGB); hier erfolgt also tatsächlich eine eigene Willensbildung und -bekundung des Betreuers bzw. des Vorsorgebevollmächtigten im Sinne des § 164 Abs. 1 Satz 1 BGB. Dabei ist der mutmaßliche Wille des Patienten aufgrund konkreter Anhaltspunkte zu ermitteln (§ 1901a Abs. 2 Satz 2 BGB). Zu berücksichtigen sind dabei vor allem frühere mündliche oder schriftliche Äußerungen des Patienten, seine ethischen oder religiösen Überzeugungen sowie dessen sonstigen persönlichen Wertvorstellungen; indizielle Wirkung kann in diesem Zusammenhang auch eine Patientenverfügung haben, die die oben aufgestellten Gültigkeitskriterien nicht erfüllt und damit dem Grunde nach rechtsunwirksam ist oder die eine Indikation bzw. Lebens- und Behandlungssituation beschreibt, die in der aktuell zu beurteilenden Situation (noch) nicht vorliegt. Sind die mutmaßlichen Wünsche des Patienten im Einzelfall nicht erkennbar, hat sich die Behandlung bzw. Versorgung an einer am Wohl des Patienten ausgerichteten Schaden/Nutzen-Abwägung zu orientieren, wobei in erster Linie der Grundsatz *in dubio pro sanitate et vita* zu befolgen ist. In jedem Fall bedarf die Entscheidung des Vorsorgebevollmächtigten bzw. des Betreuers, der als Vertreter des Patienten in eine Behandlungsmaßnahme einwilligt oder sie untersagt, regelmäßig der vorherigen ärztlichen Aufklärung (§ 630e Abs. 4 BGB) (▶ Kap. 4.2.1).

Hat der Betreuer bzw. der Vorsorgebevollmächtigte den tatsächlichen bzw. mutmaßlichen Willen des Patienten nach § 1901a Abs. 1 bzw. Abs. 2 BGB festgestellt, ist er zu dessen Umsetzung verpflichtet. Dies geschieht gemäß ☞ § 1901b Abs. 1 BGB in einem sog. Dialogverfahren mit dem behandelnden Arzt. Dieser prüft zunächst, welche ärztlichen Untersuchungen und Behandlungsmaßnahmen bezogen auf den Gesamtzustand und die Prognose des Patienten indiziert sind. Diese Maßnahmen werden mit dem Betreuer bzw. Vorsorgebevollmächtigten im Hinblick darauf erörtert, ob sich die aktuelle Lebens- und Behandlungssituation des Patienten mit seinem tatsächlichen bzw. mutmaßlichen Willen im Sinne des § 1901a Abs. 1 bzw. Abs. 2 BGB in Einklang bringen lässt. Die Entscheidung des behandelnden Arztes und des Betreuers bzw. Vorsorgebevollmächtigten über die zukünftige Behandlung und Versorgung des Patienten erfolgt dann auf Grundlage der gemeinsam festgestellten (mutmaßlichen) Wünsche des Patienten, die als dessen verbindlicher Wille und Ausdruck seines Selbstbestimmungsrechts als rechtsverbindliche Willensbekundungen umzusetzen sind. Bei der Feststellung der Behandlungswünsche bzw. des mutmaßlichen Willens des Patienten soll auch nahen Angehörigen und sonstigen Vertrauenspersonen des Patienten Gelegenheit zur Stellungnahme gegeben werden (§ 1901b Abs. 2 BGB).

Sind sich der behandelnde Arzt und der Betreuer bzw. der Vorsorgebevollmächtigte über die Umsetzung des (mutmaßlichen) Willens des Patienten einig, ist gemäß ☞ § 1904 Abs. 4 BGB ausdrücklich keine Genehmigung der Durchführung bzw. Nichtdurchführung der Behandlungs- bzw. Versorgungsmaßnahme durch das Betreuungsgericht erforderlich. In diesem Fall ist der erklärte bzw. festgestellte Wille des Patienten unverzüglich umzusetzen. Bei einem Dissens zwischen dem behandelnden Arzt und dem Betreuer bzw. dem Vorsorgebevollmächtigten ist eine Entscheidung des Betreuungsgerichts zwingend erforderlich, wenn entweder eine Einwilligung des bevollmächtigten Dritten in eine ärztliche Maßnahme die Gefahr bedeutet, dass der Patient aufgrund der Maßnahme stirbt oder einen schweren, langandauernden Gesundheitsschaden erleidet, oder eine Nichteinwilligung (oder der Widerruf einer Einwilligung) zu entsprechenden Folgen führen könnte (§ 1904 Abs. 1 und 2 BGB) (► Kap. 4.2.2.2). In diesen Fällen hat das Betreuungsgericht die (Nicht-)Einwilligung zu genehmigen, wenn sie aus dessen Sicht dem Willen des Patienten entspricht (§ 1904 Abs. 3 BGB).

4.2.5 Notfälle

An der Einwilligungsfähigkeit eines Patienten mangelt es häufig auch bei einem Notfall im Sinne einer unaufschiebbaren Behandlung. Kennzeichnend ist dabei, dass eine Aufklärung des Patienten aufgrund der Unaufschiebbarkeit der Behandlung nicht erfolgen kann und diese unter bestimmten Voraussetzungen deshalb auch ohne rechtswirksame Einwilligung durchgeführt werden darf (☞ § 630e Abs. 3 bzw. § 630d Abs. 1 Satz 4 BGB).

Notfall

Bei einem Notfall ist aufgrund des Gesundheitszustandes des Patienten ein derart rasches medizinisches Handeln geboten, dass dieser nicht oder nicht mehr rechtzeitig angehört bzw. aufgeklärt werden kann und dementsprechend eine rechtswirksame Einwilligung nicht (mehr) zu erlangen ist.

(*Kostorz* 2011a, 15)

In einem solchen Fall, wie er bspw. bei einer plötzlich eintretenden Bewusstlosigkeit gegeben ist, muss sich das *Ob* und das *Wie* einer Behandlung an den Kriterien der sog. Geschäftsführung ohne Auftrag nach ☞ § 677 BGB orientieren („Behandlung ohne [unmittelbare] Einwilligung" als „Geschäftsbesorgung ohne Auftrag"). Danach ist vorrangig der tatsächliche Wille des Patienten zu berücksichtigen, der in einer Notfallsituation allerdings in den seltensten Fällen bekannt sein dürfte; er kann dem Grunde nach nur dann zum Tragen kommen, wenn der behandelnden Person eine eindeutige und rechtswirksame Patientenverfügung vorliegt und sie die Möglichkeit einer zeitgerechten Kenntnisnahme hat(te) (► Kap. 4.2.4). Alternativ ist der mutmaßliche Wille des Patienten umzusetzen; mögliche Kriterien sind diesbezüglich frühere mündliche oder schriftliche Äußerungen des Patienten, seine ethischen bzw. religiösen Überzeugungen und persönlichen Wertvorstellungen, seine altersbedingte fernere Lebenserwartung oder die von ihm zu erleidenden Schmerzen. Können aufgrund der Kürze der Zeit und vor dem Hintergrund der gebotenen Eile auch diese Aspekte nicht berücksichtigt werden, besteht in einer solchen Situation nur die Möglichkeit, sich an die einschlägigen medizinischen Standards zu halten und den Patienten nach dem Grundsatz *in dubio pro sanitate et vita* zu versorgen – auch wenn sich dies ex post als mit dem freien Willen des Patienten nicht vereinbar herausstellen sollte.

4.2.6 Zwangsmaßnahmen

Die Patientenautonomie beinhaltet das Recht, frei zu entscheiden, ob, wie, wo und wie lange eine Behandlungsmaßnahme oder eine pflegerische Intervention durchgeführt werden soll. Die selbstbestimmt erklärte Einwilligung oder auch Nichteinwilligung in eine entsprechende Maßnahme setzt vor allem die Einwilligungsfähigkeit des Betroffenen voraus, also insbesondere dessen Vermögen, Art, Bedeutung und Tragweite (Risiko) der Maßnahme erfassen und nach dieser Einsicht handeln zu können (► Kap. 4.2.1). Ist ein Patient in diesem Sinne kognitiv zu einer freien Willensbildung in der Lage, scheidet dem Grunde nach jeder Eingriff in seine autonom getroffene Entscheidung aus. Anders verhält es sich, wenn der Patient – etwa infolge einer (psychischen) Erkrankung oder Behinderung – nicht in der Lage ist, die Folgen seines Handelns zu erkennen oder adäquat zu bewerten, und es ihm aufgrund seiner gesundheitlichen Disposition nicht möglich ist, sich seinen Willen „frei“ (von seiner gesundheitlichen Beeinträchtigung) zu bilden. Von dem freien Willen eines (einwilligungsfähigen) Patienten zu unterscheiden ist also der natürliche Wille eines (dem Grunde nach einwilligungsunfähigen) Patienten. Dieser umfasst sämtliche Willensbekundungen des Betroffenen, also auch diejenigen, welche aufgrund dessen krankhafter geistiger Störung eigentlich als „unfrei“ gelten müssen. Auch wenn von Verfassungs wegen der natürliche Wille einer Person grundsätzlich ebenfalls zu beachten ist, ist hier ein Eingriff in ihr Selbstbestimmungsrecht im Ausnahmefall dann möglich, wenn dieser dem Schutz anderer gewichtiger (und höher zu bewertender) Rechtsgüter dient, wie es etwa bei einer (drohenden) Selbstgefährdung des Betroffenen der Fall wäre.

Entsprechende Eingriffe in das Selbstbestimmungsrecht bewegen sich rechtsdogmatisch an der Schnittstelle zwischen der allgemeinen Handlungsfreiheit und dem Schutz des Lebens und der Gesundheit: Einerseits verstößt vom Grundsatz her jede Maßnahme, die gegen den Willen eines Patienten erfolgt, gegen die durch ☞ Art. 2 Abs. 1 GG geschützte Patientenautonomie; andererseits verpflichtet das Recht auf körperliche Unversehrtheit nach ☞ Art. 2 Abs. 2 Satz 1 GG den Staat, Vorkehrungen für den Fall zu treffen, dass sich ein Patient aufgrund fehlender Einsichtsfähigkeit selbst gefährdet oder gar schädigt. Bei einer (drohenden) Selbstgefährdung kommen daher bestimmte Zwangsmaßnahmen in Betracht, die die Freiheit einer Person zum Schutz ihrer selbst einschränken.

Zwangsmaßnahmen, wie sie die (zwangsweise) Unterbringung in einer Gesundheitseinrichtung und die Zwangsbehandlung gegen den natürlichen Willen eines Patienten darstellen, bedürfen wegen ihres schwerwiegenden Eingriffs in die Grundrechte der Betroffenen indes einer klaren, gesetzlich definierten Rechtfertigung; möglich sind insofern sowohl betreuungsrechtliche als auch ordnungsrechtliche Zwangsmaßnahmen. Der Unterschied zwischen diesen beiden Formen besteht im Wesentlichen darin, dass das Betreuungsrecht vorrangig dem Interesse des Patienten dienen soll, während das Ordnungsrecht in erster Linie das Ziel der Gefahrenabwehr zugunsten Dritter verfolgt. Vorliegend werden die (betreuungsrechtlichen) Zwangsmaßnahmen nach §§ 1906 und 1906a BGB näher dargestellt; für den (ordnungsrechtlichen) Schutz vor schädigendem Verhalten von Patienten gegenüber Personen, die außerhalb des gesundheitsrechtlichen Dreiecksverhältnisses stehen, sei auf die einschlägige Literatur zu den landesspezifischen Psychisch-Kranken- bzw. Unterbringungsgesetzen verwiesen (hierzu etwa *Henking/Mittag* 2015 oder *Kostorz* 2017).

4.2.6.1 Unterbringung

Nach ☞ § 1906 Abs. 1 BGB kann die freiheitsentziehende Unterbringung eines Patienten durch einen Betreuer veranlasst werden, wenn sie zu dessen Wohl erforderlich ist und der mit ihr verfolgte Zweck nicht auch durch ein anderes, milderes Mittel erreicht werden kann (Grundsatz der Verhältnismäßigkeit). Voraussetzung ist ferner, dass dem Betreuer ein entsprechender Aufgabenkreis zugewiesen worden ist (i. d. R. das Aufenthaltsbestimmungsrecht). Ein Vorsorgebevollmächtigter ist (nur) dann zu einer Unterbringung des Patienten befugt, wenn die Vorsorgevollmacht schriftlich erteilt worden ist und sie die stellvertretende Einwilligung in freiheitsentziehende Maßnahmen ausdrücklich umfasst (§ 1906 Abs. 5 BGB).

Unterbringung

Eine freiheitsentziehende Unterbringung liegt vor, wenn eine Person gegen ihren (natürlichen) Willen auf einem beschränkten Raum festgehalten, ihr Aufenthalt ständig überwacht und eine Kontaktaufnahme mit Personen außerhalb dieses Raumes durch Sicherungsmaßnahmen verhindert werden kann. Sie kann bspw. in einem Krankenhaus, einem Pflegeheim oder auch in einer Wohnung erfolgen.

(*BGH* vom 11. Oktober 2000 [Az. XII ZB 69/00])

In Betracht kommt eine Unterbringung dabei nur dann, wenn der Patient an einer psychischen Krankheit oder an einer geistigen oder seelischen Behinderung leidet, aufgrund derer er nicht mehr in der Lage ist, sich seinen Willen selbst und frei zu bilden. Zudem muss die freiheitsentziehende Maßnahme seinem eigenen Wohl dienen; eine Unterbringung zum Schutz Dritter oder der Allgemeinheit kann nach § 1906 Abs. 1 BGB also nicht veranlasst werden – hier müsste eine öffentlich-rechtliche Maßnahme nach Landesrecht initiiert werden. Zum Selbstschutz des Betroffenen ist die entsprechende Maßnahme dann erforderlich, wenn entweder die Gefahr besteht, dass er sich ohne das Ergreifen der Maßnahme selbst tötet oder einen erheblichen gesundheitlichen Schaden zufügt, oder wenn zur Abwendung eines drohenden erheblichen gesundheitlichen Schadens eine Heilbehandlung oder ein ärztlicher Eingriff notwendig ist, diese Maßnahme ohne eine Unterbringung jedoch nicht durchgeführt werden kann und der Betroffene aufgrund seiner gesundheitlichen Einschränkung die Notwendigkeit der Unterbringung (oder besser: der ärztlichen Maßnahmen) nicht erkennen bzw. nicht nach dieser Einsicht handeln kann. In jedem Fall ist eine Unterbringung grundsätzlich nur mit einer Einwilligung, also einer vorherigen Zustimmung des Betreuungsgerichts zulässig; wird sie aufgrund einer bestehenden akuten Gefahr ohne eine solche Einwilligung veranlasst, ist unverzüglich eine Genehmigung, also eine nachträgliche Zustimmung einzuholen (§ 1906 Abs. 2 BGB).

Entsprechendes gilt, wenn einem Patienten während seines Aufenthalts in einem Krankenhaus, einem Pflegeheim oder einer sonstigen Gesundheitseinrichtung durch eine mechanische Vorrichtung (z. B. Bettgitter oder Beckengurt), Medikamente (vor allem Sedativa) oder auf andere Weise (etwa durch psychischen Druck) über einen längeren Zeitraum (i. d. R. länger als für einen Tag oder eine Nacht) oder regelmäßig wiederkehrend (stets zur selben Zeit oder aus demselben Anlass) die Freiheit entzogen werden soll. Auch in diese freiheitsentziehenden Maßnahmen darf ein Betreuer oder ein Vorsorgebevollmächtigter nur dann einwilligen, wenn er hierzu befugt ist und eine Zustimmung des Betreuungsgerichts vorliegt (☞ § 1906 Abs. 4 BGB).

4.2.6.2 Zwangsbehandlung

Eine weitere Möglichkeit, zum Schutz eines Patienten in dessen Selbstbestimmungsrecht eingreifen zu können, stellt die Veranlassung einer ärztlichen Zwangsmaßnahme (sog. Zwangsbehandlung) dar. Einem Betreuer muss zu einer Einwilligung in eine solche Zwangsbehandlung der Aufgabenkreis der Gesundheitssorge zugewiesen worden sein; ein Vorsorgebevollmächtigter kann sich mit ihr einverstanden erklären, wenn die ihn hierzu ermächtigende Vollmacht schriftlich erteilt worden ist und die stellvertretende Einwilligung in entsprechende Zwangsmaßnahmen ausdrücklich umfasst

(§ 1906a Abs. 3 und 5 BGB). In jedem Fall bedarf die Einwilligung in eine ärztliche Zwangsmaßnahme der Genehmigung des Betreuungsgerichts (§ 1906a Abs. 2 BGB).

> **Zwangsbehandlung**
>
> *Eine ärztliche Zwangsmaßnahme liegt vor, wenn eine Untersuchung des Gesundheitszustandes, eine Heilbehandlung oder ein ärztlicher Eingriff dem (natürlichen) Willen eines Patienten widerspricht.*
>
> (§ 1906a Abs. 1 BGB)

Die wesentlichen Voraussetzungen für die Zulässigkeit einer ärztlichen Zwangsmaßnahme ergeben sich aus § 1906a Abs. 1 BGB. Danach kann ein Betreuer bzw. ein Vorsorgebevollmächtigter nur dann in sie einwilligen, wenn

1. die ärztliche Zwangsmaßnahme zum Wohl des Patienten notwendig ist, um einen drohenden erheblichen gesundheitlichen Schaden abzuwenden,
2. der Patient aufgrund einer psychischen Krankheit oder einer psychischen bzw. seelischen Behinderung die Notwendigkeit der Maßnahme nicht erkennen oder nicht nach dieser Einsicht handeln kann,
3. die ärztliche Zwangsmaßnahme nicht dem in einer Patientenverfügung geäußerten Willen des Betroffenen widerspricht (▶ Kap. 4.2.4),
4. zuvor ernsthaft, mit dem nötigen Zeitaufwand und ohne Ausübung unzulässigen Drucks versucht worden ist, den Patienten von der Notwendigkeit der ärztlichen Maßnahme zu überzeugen,
5. der drohende erhebliche gesundheitliche Schaden durch keine andere den Patienten weniger belastende Maßnahme abgewendet werden kann,
6. der zu erwartende Nutzen der ärztlichen Zwangsmaßnahme die zu erwartenden Beeinträchtigungen deutlich überwiegt und
7. die ärztliche Zwangsmaßnahme im Rahmen eines stationären Aufenthalts in einem Krankenhaus durchgeführt wird, in dem die gebotene medizinische Versorgung des Betreuten einschließlich einer erforderlichen Nachbehandlung sichergestellt ist.

In einer ganzen Reihe von Urteilen hat die Rechtsprechung dabei vor allem die Bedeutung des Überzeugungsversuchs nach § 1906a Abs. 1 Satz 1 Nr. 4 betont (vgl. etwa *BGH* vom 13. September 2017 [Az. XII ZB 185/17]). Zwar kann aufgrund der fehlenden Einsichtsfähigkeit des Patienten mit seiner Zustimmung keine rechtswirksame Einwilligung in die Behandlungsmaßnahme erreicht werden, doch hielten es die Gerichte stets für wichtig, im Rahmen einer Verhältnismäßigkeitsprüfung alle denkbaren Maßnahmen zur

Vermeidung von Zwang auszuschöpfen und es den behandelnden Ärzte aufzuerlegen, auch nicht einwilligungsfähige Betroffene in die Entscheidung über die Behandlung einzubeziehen. Daher muss auch nachprüfbar dargelegt werden, dass ein entsprechender Überzeugungsversuch tatsächlich stattgefunden hat. Wichtig im Zusammenhang mit der Verhältnismäßigkeitsprüfung sind darüber hinaus die Punkte 5 und 6 des § 1906a Abs. 1 Satz 1 BGB, also das Fehlen von Alternativen und die sog. Nutzen-/Risiko-Abwägung: Zum einen darf auf die geplante Zwangsbehandlung nur dann zurückgegriffen werden, wenn keine andere, mildere (medizinische) Maßnahme Erfolg verspricht; zum anderen sind umso größere Anforderungen an den zu erwartenden Nutzen der Maßnahme zu richten, je risikoreicher bzw. einschneidender die geplante Zwangsbehandlung ist. Von ebenfalls besonderer Bedeutung ist schließlich § 1906a Abs. 1 Satz 1 Nr. 7 BGB, wonach eine ärztliche Zwangsmaßnahme stets im Rahmen eines stationären Krankenhausaufenthaltes durchzuführen ist, wobei das Krankenhaus die gebotene medizinische Versorgung (einschließlich der Nachbetreuung) sicherstellen muss; ausgeschlossenen sind damit Zwangsbehandlungen sowohl in der ambulanten Versorgung des Patienten als auch in stationären Pflegeeinrichtungen.

4.2.7 Sterbehilfe

Dem Grunde nach umfasst die allgemeine Handlungsfreiheit nach Art. 2 Abs. 1 GG auch das Recht, seinem Leben ein Ende setzen zu dürfen, wenn dies dem eigenen, frei gebildeten Willen entspricht. Insbesondere vor dem Hintergrund der auch verfassungsrechtlich geschützten Menschenwürde (Art. 1 Abs. 1 GG) und des generell unveräußerlichen Rechts auf Leben (Art. 2 Abs. 2 Satz 1 GG) kann daraus aber nicht ohne Weiteres auch ein Recht auf Sterbe*hilfe* abgeleitet werden.

Sterbehilfe

Sterbehilfe erfasst alle Maßnahmen gegenüber dem Sterbenden, die ihm das Sterben erleichtern, indem entweder Schmerzen gelindert oder ein qualvolles Leben verkürzt wird. Der Begriff Sterbehilfe setzt voraus, dass das Grundleiden des Patienten unumkehrbar (irreversibel) ist, die Krankheit einen tödlichen Verlauf genommen hat und der Tod aller Voraussicht nach in kurzer Zeit eintritt.

(*BGH* vom 13. September 1994 [Az. 1 StR 357/94])

Sterbehilfe ist dabei in unterschiedlichen Ausprägungen denkbar, die sich stark hinsichtlich der Art der geleisteten Hilfe und ihrer rechtlichen Bewertung unterscheiden (hierzu etwa *Janda* 2016, 360 ff. oder *Prütting/Prütting*

2018, 361 ff.). Strafrechtlich zu ahnden ist dabei dem Grunde nach nur die aktive Sterbehilfe, bei der das Leben eines Patienten durch ein unmittelbares Tun einer behandelnden bzw. pflegenden Person oder eines Angehörigen beendet wird (Tab. 15).

Form	Strafbarkeit		rechtliche Einordnung
	ja	*nein*	
Hilfe im Sterben (▶ Kap. 4.2.7.1)		×	Palliativversorgung, die keinen Tötungsvorsatz impliziert (§ 15 StGB)
aktive Sterbehilfe (▶ Kap. 4.2.7.2)	×		Tötung auf Verlangen (§ 216 StGB)
indirekte Sterbehilfe (▶ Kap. 4.2.7.3)		×	kein Tötungsvorsatz (§ 15 StGB) / Tod als „Nebenwirkung"
passive Sterbehilfe (▶ Kap. 4.2.7.4)		×	Nichteinwilligung in Behandlung als Ausdruck der Patientenautonomie
Behandlungsabbruch (▶ Kap. 4.2.7.5)		×	Behandlungsabbruch als Umsetzung der Patientenautonomie
Beihilfe zum Suizid (▶ Kap. 4.2.7.5)		×	keine Beihilfe zu einer strafbaren Tat (Suizid straffrei) (§ 27 StGB)

Tab. 15: Arten der Sterbehilfe und deren rechtliche Einordnung

4.2.7.1 Hilfe im Sterben

Bei der Hilfe im Sterben werden die durchgeführten medizinischen Maßnahmen auf die Bekämpfung von Schmerzen und sonstigem Leid beschränkt (bspw. durch die Gabe eines starken Schmerzmittels mit bewusstseineintrübender Wirkung); eine kurativ orientierte bzw. lebenserhaltende oder -verlängernde Behandlung erfolgt nicht (mehr). Die Hilfe im Sterben hat damit ausschließlich Auswirkungen auf das *Wie* des Sterbens und nicht auf das *Ob* und *Wann*. Sofern dies mit dem (freien) Willen des Patienten geschieht, ist dies rechtlich zulässig, da es von der in Art. 2 Abs. 1 GG geschützten Patientenautonomie gedeckt ist. Nur wenn eine weitergehende ärztliche Hilfe dem Patienten gegen seinen Willen vorenthalten wird, kommt eine Strafbarkeit wegen einer Körperverletzung durch Unterlassen (☞ § 223 i. V. m. § 13

StGB) oder wegen unterlassener Hilfeleistung in Betracht (☞ § 223 StGB). Ein Körperverletzungsdelikt wegen eines aktiven Tuns ist zudem dann in Erwägung zu ziehen, wenn die (palliative) Hilfe im Sterben gegen den (freien) Willen des Patienten geleistet wird.

4.2.7.2 Aktive Sterbehilfe

Im Gegensatz zur Hilfe im Sterben erfolgt bei der aktiven Sterbehilfe keine Befreiung von Schmerzen *vor* dem Tod sondern *durch* den Tod, indem durch ein aktives Tun das Leben des Patienten beendet wird (etwa durch die Gabe eines einen Atemstillstand hervorrufenden Medikamentes). Hier liegt die sog. Tatherrschaft, also die Beherrschung des den Tod bringenden Moments allein beim Täter. Da die Rechtsordnung das Leben als höchstschützenswertes Rechtsgut anerkennt (Art. 1 Abs. 1 und Art. 2 Abs. 2 Satz 2 GG) und auch ein noch so schmerz- bzw. leidbeladenes Leben unter keinen Umständen als „lebensunwert" einstuft, ist eine solche aktive Sterbehilfe strafbar. Dies gilt selbst dann, wenn der Patient aufgrund eines frei gebildeten Willens in sie eingewilligt hat; in diesem Fall hat sich die den Tod des Patienten herbeigeführte Person einer Tötung auf Verlangen strafbar gemacht (☞ § 223 StGB). Wird das Delikt ohne die Einwilligung des Patienten vollendet, liegt sogar eine Strafbarkeit wegen Mordes oder Totschlags vor (§ 211 bzw. § 212 StGB).

4.2.7.3 Indirekte Sterbehilfe

Bei der indirekten Sterbehilfe führt eine bestimmte medizinische Behandlungsmaßnahme, die dem Grunde nach palliativ ausgerichtet ist, zugleich zu einer Verkürzung der ohnehin begrenzten Lebenserwartung des Patienten (bspw. bei der Gabe eines starken schmerzlindernden Medikaments, das beim Patienten gleichzeitig eine Atemdepression verursacht). Diese Maßnahme der Sterbehilfe ist – wie auch die Hilfe im Sterben – straffrei, da sich der Vorsatz des Täters, der von Ausnahmen abgesehen die Grundvoraussetzung für die Strafbarkeit eines bestimmten Verhaltens bildet (☞ § 15 StGB), bei seiner Behandlungsmaßnahme nicht auf die Tötung des Patienten, sondern dessen palliative Versorgung richtet (er hatte nicht die Absicht zu töten, sondern primär Schmerzen zu lindern). Voraussetzung für die Straffreiheit ist also, dass die Lebensverkürzung des Patienten als mögliche oder allenfalls sichere Nebenfolge der (vorrangig palliativen) Behandlungsmaßnahme lediglich billigend in Kauf genommen wird.

4.2.7.4 Passive Sterbehilfe

Die passive Sterbehilfe ist durch den Verzicht gekennzeichnet, den Tod eines (tatsächlich oder zumindest mutmaßlich) sterbewilligen Patienten zu verhindern, obwohl dies möglich wäre (bspw. wenn eine lebensnotwendige Dialyse bei einem Sterbenden auf dessen Wunsch hin nicht durchgeführt wird); anders als bei der aktiven Sterbehilfe liegt der passiven Sterbehilfe also kein Tun, sondern ein Unterlassen zugrunde. Da die Patientenautonomie nach Art. 2 Abs. 1 GG auch die Nichteinwilligung in eine Behandlungsmaßnahme, also deren Ablehnung deckt, kann die Befolgung dieses (freien) Patientenwillens nicht strafbar sein. Wird eine Behandlung danach etwa infolge einer ausdrücklichen Erklärung des Patienten oder einer wirksamen Patientenverfügung unterlassen, ist dies rechtlich grundsätzlich nicht zu beanstanden. Etwas anderes gilt indes dann, wenn der Patient das Unterlassen der Behandlung nicht wünscht; in diesem Fall kommt eine Strafbarkeit wegen einer Körperverletzung durch Unterlassen (§ 223 i. V. m. § 13 StGB) oder wegen unterlassener Hilfeleistung in Betracht (§ 223 StGB).

4.2.7.5 Sterbehilfe durch Behandlungsabbruch

Da ein zum Tod eines Patienten führender Behandlungsabbruch eine Handlung im Sinne eines aktiven Tuns ist, ist eine derart geleistete Sterbehilfe vor allem von der aktiven Sterbehilfe abzugrenzen, bei der ebenfalls ein aktives Tun kausal für das Ableben des Patienten ist (► Kap. 4.2.7.2). Diese Abgrenzung darf indes nicht faktisch-naturalistisch, also quasi empirisch, sondern muss normativ-wertend, also formaljuristisch erfolgen. Bei der Sterbehilfe durch einen Abbruch der Behandlung handelt es sich rechtsdogmatisch um ein „Unterlassen durch Tun" (*omissio qua commissio*) im Sinne eines Unterlassens der Fortsetzung der Behandlung (bspw. durch das Abstellen einer lebenserhaltenden Beatmungsmaschine). Die Sterbehilfe durch Behandlungsabbruch ist also insofern mit der passiven Sterbehilfe zu vergleichen (► Kap. 4.2.7.4), als in beiden Fällen von einer (weitergehenden) Behandlung abgesehen wird. Erfolgt dies mit dem oftmals in einer Patientenverfügung erklärten (freien) Willen des Patienten oder aufgrund einer rechtswirksamen Einwilligung eines Betreuers oder eines Vorsorgebevollmächtigten in den Behandlungsabbruch, ist dieser als Ausdruck der Patientenautonomie nach Art. 2 Abs. 1 GG – wie auch die passive Sterbehilfe – straffrei. Voraussetzung hierfür ist indes, dass der Patient irreversibel entscheidungsunfähig ist und seine Nichteinwilligung in bestimmte, lebenserhaltende Maßnahmen selber nicht mehr widerrufen kann (*BGH* vom 25. Juni 20102 [Az. 2 StR 454/09]). Ohne eine entsprechende Nichteinwilligung im Sinne einer Ablehnung der lebenserhaltenden Maßnahme stellt der Behandlungsabbruch ein strafbares Tötungsdelikt dar (§ 211 bzw. § 212 StGB).

4.2.7.6 Suizid und Beihilfe zum Suizid

Wegen der verfassungsrechtlich geschützten allgemeinen Handlungsfreiheit (Art. 2 Abs. 1 GG) bleibt ein Suizid (oder besser: Suizidversuch) dem Grunde nach stets straffrei. Entsprechendes gilt für eine Beihilfe zum Suizid, da als Gehilfe nur bestraft werden kann, wer einem anderen zu einer von ihm vorsätzlich begangenen rechtswidrigen Tat Hilfe geleistet hat (§ 27 Abs. 1 StGB), worunter ein Suizid wegen seiner generellen Straffreiheit per definitionem nicht fällt.

Abzugrenzen ist die Beihilfe zum Suizid aber von der aktiven Sterbehilfe (▶ Kap. 4.2.7.2). Dies geschieht nach der sog. Tatherrschaftslehre. Während bei der Suizidbeihilfe die Tatherrschaft beim Suizidwilligen liegt, der selbst entscheidet, ob und wann er bspw. ein todbringendes Medikament, das ihm vom Suizidgehilfen zur Verfügung gestellt worden ist, einnimmt, beeinflusst ein aktiv Sterbehelfender den Sterbeerfolg unmittelbar, etwa durch eine direkte Verabreichung einer Arznei mit lebensbeendender Wirkung. Bei der Suizidbeihilfe handelt es sich letztendlich also lediglich um eine Assistenz bei einer Tötung *durch* den Sterbewilligen *selbst*, während es bei der aktiven Sterbehilfe um eine Tötung *des* Sterbewilligen *durch eine andere Person* geht.

Ob sich aus dieser Rechtslage indes die staatliche Pflicht ergibt, sterbewilligen Patienten in extremen Notlagen einen Zugang zu tödlich wirkenden Arzneimitteln zu verschaffen, wird derzeit durch das Bundesverfassungsgericht geklärt (vgl. hierzu bereits zustimmend *BVerwG* vom 2. März 2017 [Az. 3 C 19.15]). In einem Urteil aus dem Jahr 2019 hat jedenfalls der Bundesgerichtshof festgestellt, dass Ärzte nicht verpflichtet sind, Patienten nach einem Suizidversuch gegen deren (freien) Willen das Leben zu retten (*BGH* vom 3. Juli 2019 [Az. 5 StR 132/18 und 5 StR 393/18]).

4.3 Haftung bei Behandlungs- und Pflegefehlern

Gehrlein, Markus: Grundwissen Arzthaftungsrecht, München 3. Aufl. 2018 | *Howald*, Bert: Haftungsrecht für die Pflege. Zivil- und Strafrecht für Lehre und Praxis, Stuttgart 2018 | *Jorzig*, Alexandra (Hrsg.): Handbuch Arzthaftungsrecht. Fehlerkategorien – Schadensregulierung – Mandats- und Verfahrensgestaltung – Praxistipps, Heidelberg 2018 | *Martis*, Rüdiger und *Winkhart-Martis*, Martina: Arzthaftungsrecht. Fallgruppenkommentar, Köln 5. Aufl. 2018 | *Sträßner*, Heinz: Haftungsrecht für Pflegeberufe. Ein Leitfaden, Stuttgart 2006.

Unterläuft einem Leistungserbringer ein Behandlungs- bzw. Pflegefehler, hat er für die daraus resultierenden Folgen rechtlich einzustehen. Im Behandlungsverhältnis zwischen ihm und dem Patienten erfolgt dieser Schadensausgleich auf Grundlage des Haftungsrechts nach dem BGB (▶ Kap. 4.3.1), das zwischen der vertraglichen Haftung des Schuldners der zu erbringenden Gesundheitsleistung (▶ Kap. 4.3.2) und der deliktischen Haftung der den Patienten behandelnden bzw. pflegenden Person (▶ Kap. 4.3.3) unterscheidet. Von dieser zivilrechtlichen Haftung zu unterscheiden ist die vorliegend nicht weiter thematisierte strafrechtliche Verantwortung für ein entsprechendes Fehlverhalten, bei der es nicht um den materiellen Ausgleich des entstandenen Schadens innerhalb des gesundheitsrechtlichen Dreiecksverhältnisses, sondern vielmehr um die Durchsetzung eines Strafanspruchs des Staates zur Sanktionierung bestimmter Rechtsverletzungen geht (bspw. in Form der Verhängung einer Geld- oder gar einer Gefängnisstrafe nach einer durch eine fehlerhafte Behandlung bzw. Pflegemaßnahme entstandenen Körperverletzung oder Gesundheitsschädigung).

4.3.1 Schadensausgleich

Im Rahmen der zivilrechtlichen Haftung für einen Behandlungs- bzw. Pflegefehler ist zwischen der vertraglichen und der deliktischen Haftung zu unterscheiden. Bei der vertraglichen Haftung nach § 280 BGB muss die Gesundheitseinrichtung für den eingetretenen Schaden einstehen, mit der der Patient den seiner Versorgung zugrundeliegenden Vertrag abgeschlossen hat (▶ Kap. 4.1); dies kann bspw. ein Krankenhaus oder eine Pflegeeinrichtung sein (▶ Kap. 4.3.2). Im Gegensatz dazu haftet nach § 823 BGB diejenige Person deliktisch, die durch ihr Fehlverhalten den Schaden beim Patienten *in realiter* verursacht hat; hierbei kann es sich dementsprechend um selbständig agierende bzw. niedergelassene personelle Leistungserbringer handeln, daneben aber auch um Mitarbeiter einer Gesundheitseinrichtung, die von dieser als sog. Erfüllungsgehilfen beschäftigt werden (▶ Kap. 4.3.3). Für den Fall, dass ein Patient Ansprüche sowohl aus der vertraglichen als auch aus der deliktischen Haftung geltend machen kann, hat zwischen der Gesundheitseinrichtung als Vertragspartnerin des Patienten und dem von ihr beschäftigten Mitarbeiter, der den Patienten geschädigt hat, ein sog. innerbetrieblicher Schadensausgleich zu erfolgen, welcher sich nach dem Grad des Verschuldens des Erfüllungsgehilfen richtet (▶ Kap. 4.3.4).

Gemein ist der vertraglichen und der deliktischen Haftung indes die Art eines möglichen Schadensausgleichs. Er kann zunächst als sog. Naturalrestitution nach ☞ § 249 Abs. 1 BGB erfolgen. In diesem Fall ist der Schadensersatzpflichtige gehalten, wieder den Gesundheitszustand des Patienten herzustellen, der bestehen würde, wenn es gar nicht zu dem schädigenden

Ereignis gekommen wäre. Denkbar wäre es also, dass ein Krankenhaus, in dem ein Patient einen Behandlungsfehler erlitten hat, die Behandlung so weit fortsetzt, bis (mindestens) der ursprüngliche Gesundheitszustand wiederhergestellt ist. Ist dies nicht möglich oder lehnt der Patient diese Variante des Schadensersatzes zu Recht mit der Begründung ab, dass das Vertrauensverhältnis zum Leistungserbringer bzw. zur behandelnden oder pflegenden Person zerrüttet sei, steht ihm zur Kompensation des Schadens eine Geldleistung nach ☞ § 249 Abs. 2 BGB zu, mit der eine Heilbehandlung bei einem anderen Leistungserbringer bewirkt werden kann. In der Praxis wird die in Bezug auf die Schädigung erforderliche Folgebehandlung indes in aller Regel von einem Sozialleistungsträger, also vor allem von der den Patienten versichernden Krankenkasse übernommen (▶ Kap. 2.1). In diesem Fall kann die Krankenkasse einen Regressanspruch nach ☞ § 116 SGB V gegen die schadensersatzpflichtige Gesundheitseinrichtung bzw. die schadenersatzpflichtige Person geltend machen.

Neben die Natural- bzw. Geldrestitution nach § 249 BGB tritt zudem der Ersatz eventuell entgangenen Gewinns (☞ § 252 BGB) und als Ausgleich des entstandenen immateriellen Schadens die Zahlung von Schmerzensgeld (☞ § 253 Abs. 2 BGB).

4.3.2 Vertragliche Haftung

Die Behandlung bzw. medizinisch-pflegerische Versorgung eines Patienten erfolgt regelmäßig auf der Grundlage eines sog. zweiseitigen Schuldverhältnisses, also auf dem Vertrag, der zwischen dem Leistungserbringer und dem Patienten abgeschlossen worden ist; hierbei kann es sich unter anderem um einen Behandlungsvertrag, einen Krankenhausvertrag, einen Pflege- oder einen Heimvertrag handeln (▶ Kap. 4.1). Mit dem entsprechenden Vertrag verpflichtet sich der Leistungserbringer, den Patienten bzw. Bewohner aktuellen medizinischen bzw. pflegewissenschaftlichen Erkenntnissen entsprechend zu versorgen. Bei einem Behandlungs- bzw. Pflegefehler hat die Einrichtung diese vertragliche Pflicht insofern verletzt, als sie die geschuldete Versorgung eben nicht ordnungsgemäß und nach den bestehenden medizinisch-pflegerischen Standards, Leit- und Richtlinien (*lege artis*) erbracht hat. Sie ist daher als Vertragspartnerin des Patienten nach ☞ § 280 BGB verpflichtet, den daraus resultierenden Schaden zu ersetzen. Dabei bezieht sich die vertragliche Haftung indes nicht nur auf Behandlungs- bzw. Pflegefehler, sondern darüber hinaus unter anderem auch auf ein eventuelles sog. Organisationsversagen des Leistungserbringers. Hierunter fallen etwa das Überbelegen einer Station im Krankenhaus oder in einem Pflegeheim, eine mangelhafte Dienstplangestaltung oder eine unzureichende Kontrolle der Einhaltung von Hygiene- oder Unfallverhütungsvorschriften, wenn daraus die Schädigung eines Patienten resultiert. Dass die Gesundheitseinrichtung dabei als juristische Person nicht unmittelbar selber gehandelt hat, spielt insofern keine Rolle, als sie nach ☞ § 278 BGB auch für Fehlleistungen ihrer Erfüllungsgehilfen, also der bei ihr beschäftigten Mitarbeiter einstehen muss.

4.3.3 Deliktische Haftung

Im Rahmen der deliktischen Haftung nach ☞ § 823 Abs. 1 BGB ist zum Ausgleich eines eingetretenen Schadens verpflichtet, wer durch einen Behandlungs- bzw. Pflegefehler widerrechtlich und schuldhaft den Tatbestand der Verletzung des Lebens, des Körpers oder der Gesundheit eines Patienten durch ein Tun oder Unterlassen erfüllt hat (sog. unerlaubte Handlung) (Abb. 22).

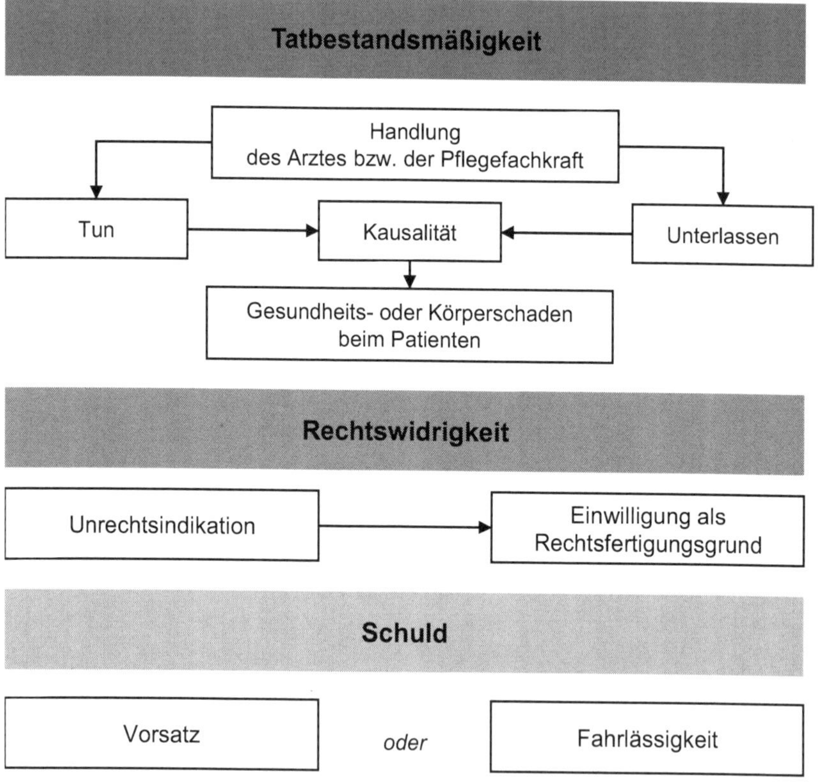

Abb. 22: Deliktische Haftung für Behandlungs- und Pflegefehler

Grundvoraussetzung eines entsprechenden Haftungsanspruchs ist also, dass die behandelnde bzw. pflegende Person die Erfüllung des Tatbestandes (Gesundheits- bzw. Körperschaden des Patienten) tatsächlich durch ein entsprechendes Tun oder Unterlassen verursacht hat und sie nicht auf andere Faktoren zurückzuführen ist, wie es bspw. dann der Fall wäre, wenn die gesundheitliche Beeinträchtigung auch ohne die Einflussnahme der Behandlungs- bzw. Pflegeperson eingetreten wäre (Kausalität zwischen Handlung und Rechtsgutverletzung).

Zudem muss die Rechtsgutverletzung widerrechtlich erfolgt sein, wobei die durch die Tatbestandserfüllung dem Grunde nach indizierte Rechtswidrigkeit entfällt, wenn der Patient in die durchgeführte medizinisch-pflegerische Maßnahme rechtswirksam eingewilligt hat (▶ Kap. 4.2.1 bzw. 4.2.4) oder eine Einwilligung von einer hierzu berechtigten Person, wie etwa eines Betreuers oder eines Vorsorgebevollmächtigten vorliegt (▶ Kap. 4.2.2 bzw. 4.2.3). Dabei ist indes zu betonen, dass mit der Einwilligung in eine bestimmte Behandlungsmaßnahme oder pflegerische Intervention keine (generelle) Einwilligung in alle (unter Umständen auch fehlerhaft durchgeführten) körperlichen Eingriffe verbunden ist. Vielmehr ist davon auszugehen, dass der Patient mit seiner Einwilligung nur einem sorgfältigen und potentiell fehlerfreien Tätigwerden der leistungserbringenden Person zustimmt, so dass die rechtswirksam erteilte Einwilligung in eine medizinisch-pflegerische Maßnahmen beim Vorliegen eines dabei aufgetretenen Behandlungs- bzw. Pflegefehlers nicht generell haftungsbefreiend wirken kann.

In der Rechtspraxis regelmäßig strittig ist schließlich die Frage, ob der Tatbestand der Gesundheitsbeeinträchtigung schuldhaft, also durch ein vorsätzliches oder fahrlässiges Tun oder Unterlassen erfüllt worden ist. Vorsatz liegt dabei vor, wenn die Rechtsgutverletzung bewusst, also wissentlich und willentlich herbeigeführt worden ist; fahrlässig hat nach § 276 Abs. 2 BGB derjenige gehandelt, der die bei der Versorgung von Patienten erforderliche Sorgfalt außer Acht gelassen, sich also grundsätzlich nicht an bestehende Behandlungs- bzw. Pflegestandards gehalten hat. Dabei werden diese Standards im Wesentlichen durch sog. Empfehlungen, Leitlinien und Richtlinien geprägt, die sich insbesondere hinsichtlich ihrer Verbindlichkeit unterscheiden (Abb. 23).

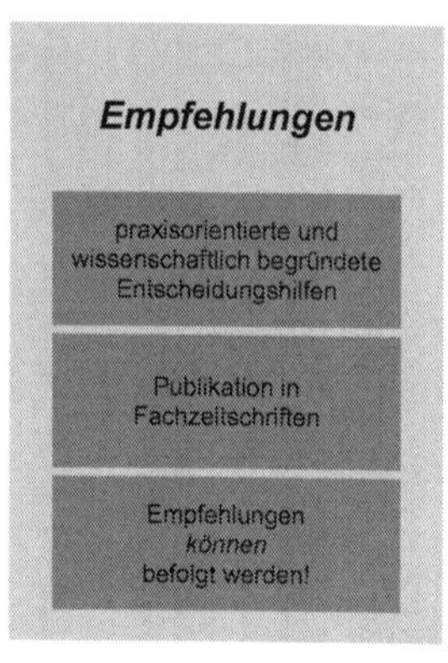

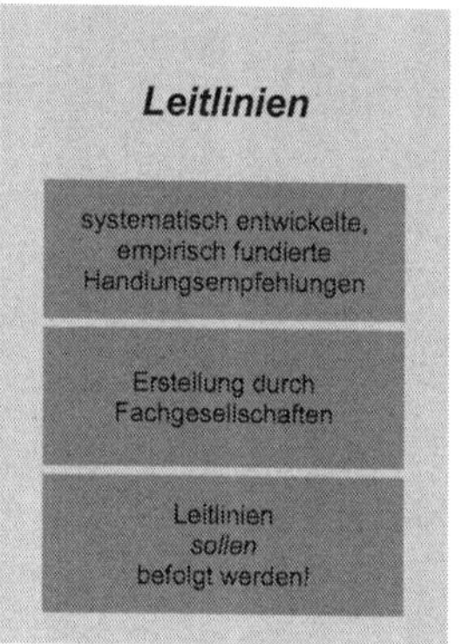

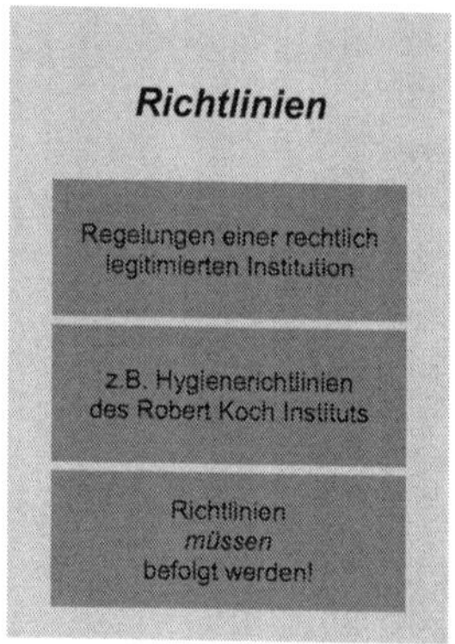

Abb. 23: Standards in der Medizin bzw. Pflege

4.3.4 Innerbetrieblicher Schadensausgleich

Bei einem Behandlungs- bzw. Pflegefehler haben geschädigte Patienten dem Grunde nach einen doppelten Anspruch: Sie können zur Durchsetzung von Ersatzansprüchen sowohl gegen die behandelnde bzw. pflegende Person vorgehen (deliktische Haftung nach § 823 BGB [▶ Kap. 4.3.3]) als auch gegen die Einrichtung, die die Pflicht zur ordnungsgemäßen Versorgung aus dem mit ihm geschlossenen Vertrag verletzt hat (vertragliche Haftung nach § 280 BGB [▶ Kap. 4.3.2]). Der Schadensersatzanspruch des Patienten kann dabei selbstverständlich nicht doppelt geltend gemacht werden; vielmehr haften die beteiligten Akteure gesamtschuldnerisch i. S. d. ☞ § 421 BGB, so dass der geschädigte Patient den Schadensersatz nach seinem Belieben entweder von jedem der beiden Anspruchsgegner ganz oder in Teilen von beiden gleichzeitig fordern kann.

Im arbeitsrechtlichen Innenverhältnis zwischen der Einrichtung als Arbeitgeber und der behandelnden bzw. pflegenden Person als deren Arbeitnehmer und Erfüllungsgehilfe nach § 611a bzw. § 278 BGB stellt sich daraus resultierend die Frage, wer von beiden Akteuren schlussendlich für die finanziellen Folgen des Versorgungsfehlers aufzukommen hat. Die Arbeitsgerichtsbarkeit hat hierzu die Grundsätze des sog. innerbetrieblichen Schadensausgleichs entwickelt (hierzu etwa *BMAS* 2019, 93a), der auf dem Rechtsgedanken des ☞ § 254 BGB fußt: Verursacht ein Arbeitnehmer bei der Ausübung einer vom Arbeitgeber veranlassten Tätigkeit danach einen Schaden, hängt die Frage der letztendlichen Haftung hierfür vom Grad des Verschuldens des Arbeitnehmers ab (Abb. 24 und 25).

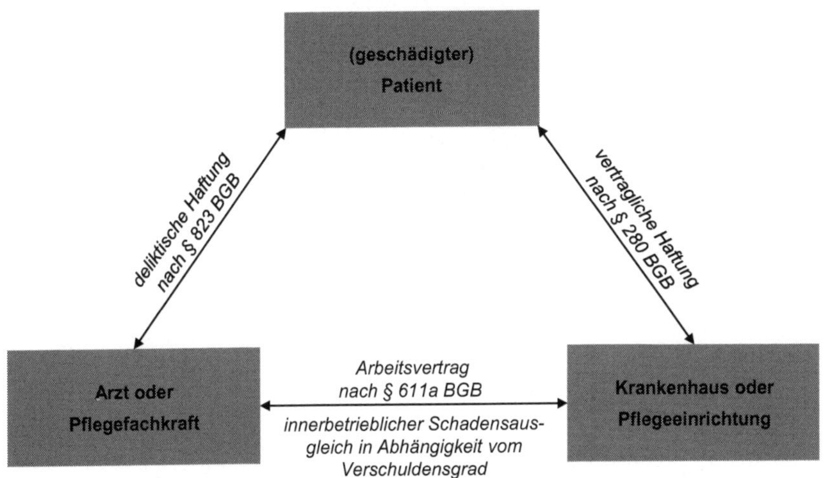

Abb. 24: Innerbetrieblicher Schadensausgleich

- Bei *Vorsatz* (wissentliche und willentliche Schädigung eines Patienten) und *grober Fahrlässigkeit* (Behandlungs- bzw. Pflegefehler, die *nicht passieren dürfen* [Fehler, die etwa durch die Missachtung elementarer medizinisch-pflegerischer Standards entstanden sind]), hat der Mitarbeiter den Schaden in aller Regel alleine zu tragen. Geht der Patient also nach § 280 BGB gegen die Gesundheitseinrichtung vor, kann diese ihren Arbeitnehmer in Regress nehmen.
- Handelt der Mitarbeiter *leicht fahrlässig* (Behandlungs- bzw. Pflegefehler, die *passieren können* [Fehler, die etwa durch stressbedingte Unaufmerksamkeiten verursacht worden sind]), muss allein der Arbeitgeber für den eingetretenen Schaden aufkommen. Hat der Mitarbeiter der geschädigten Person den Schaden gegebenenfalls bereits direkt ersetzt, hat dieser einen vollen Erstattungsanspruch gegen die Einrichtung als seinem Arbeitgeber.
- Im Falle *mittlerer Fahrlässigkeit* (Behandlungs- bzw. Pflegefehler, die *nicht passieren sollen* [Fehler, die etwa durch die Nichtbeachtung der bei der Patientenversorgung erforderlichen Sorgfalt entstanden sind, aus denen aber kein besonders schwerer Schuldvorwurf abgeleitet werden kann]) ist der Schaden zwischen der Gesundheitseinrichtung als Arbeitgeber und der schädigenden Person als deren Mitarbeiter aufzuteilen. Hierbei spielt unter anderem die Gefahrengeneigtheit der Behandlungs- bzw. Pflegemaßnahme, die Höhe des Schadens und ein eventuelles (organisatorisches) Mitverschulden der Gesundheitseinrichtung eine Rolle. Verlangt die geschädigte Person also Schadensersatz nach § 280 BGB, hat

die Gesundheitseinrichtung einen zumindest anteiligen Rückgriffsanspruch gegen ihren Arbeitnehmer.

Abb. 25: Verschuldensgrade und innerbetrieblicher Schadensausgleich

4.3.5 Beweislast

Grundsätzlich obliegt es dem Patienten, einen Behandlungs- bzw. Pflegefehler und eine daraus resultierende Schädigung seiner Gesundheit oder seines Körpers zu beweisen (zur Beweislast im Haftungsprozess vgl. insgesamt *Großkopf/Klein* 2019, 225 ff.). Im Umkehrschluss bedeutet das, dass die Behandlungsseite – sofern der Versorgung des Patienten ein Behandlungsvertrag zugrunde liegt – im Haftungsfall nur den Nachweis führen muss, dass sie gemäß § 630d BGB eine Einwilligung des Patienten eingeholt und ihn entsprechend den Anforderungen des § 630e BGB zuvor aufgeklärt hat (▶ Kap. 4.2.1) (§ 630h Abs. 2 BGB). Zusätzlich obliegt es ihr nach § 630c Abs. 2 Satz 2 BGB jedoch, den Patienten auf dessen Nachfrage (!) oder zur Abwendung gesundheitlicher Gefahren darüber zu informieren, dass im Einzelfall ein Behandlungsfehler vorliegen könnte.

In der Praxis ist der vom Patienten zu führende Beweis eines Ursachenzusammenhangs zwischen einem Versorgungsfehler und einem hieraus resultierenden Schaden in aller Regel allerdings nur schwer zu erbringen. ☞ § 630h BGB sieht daher einige Ausnahmen von dieser grundsätzlichen Beweislasttragung vor, bei denen zugunsten des Patienten eine sog. Beweislastumkehr eintritt. Dies bedeutet, dass unter bestimmten Voraussetzungen aufgrund der offensichtlichen Sachlage von einem Versorgungsfehler auszugehen ist und die behandelnde Person zur Haftungsbefreiung das Gegenteil beweisen muss. Eine Beweislastumkehr tritt dabei in folgenden Fallkonstellationen ein:

- § 630h Abs. 1 BGB erfasst zunächst das sog. vollbeherrschbare Risiko. Danach wird ein Fehler des Behandlers vermutet, wenn sich ein allge-

meines Behandlungsrisiko verwirklicht hat, das für den Behandelnden voll beherrschbar war und das zu einer Verletzung des Körpers oder der Gesundheit des Patienten geführt hat. Die Seite des Behandelnden ist dann in der Pflicht nachzuweisen, dass alles getan wurde, um die Gefahrenquelle zu beherrschen. Als voll beherrschbar wird bspw. der Einsatz von medizinisch-technischen Geräten oder das Einhalten von Hygienevorschriften angesehen.
- Nach § 630h Abs. 4 BGB wird davon ausgegangen, dass eine Behandlungsmaßnahme für den Eintritt der Verletzung des Körpers oder der Gesundheit eines Patienten ursächlich war, wenn die behandelnde Person zur Durchführung der Maßnahme nicht ausreichend qualifiziert war.
- § 630h Abs. 5 BGB regelt die Beweislastumkehr bei sog. groben Behandlungsfehlern (z. B. das Desinfizieren einer OP-Wunde mit Zitronensaft). Liegt ein solcher Behandlungsfehler vor, wird vermutet, dass er für die Verletzung des Körpers oder der Gesundheit des Patienten verantwortlich war, wenn eine entsprechende Verletzung üblicherweise aus der fehlerhaften Behandlung resultiert.

Dass es sich um einen Fall der Beweislastumkehr handelt, hat zunächst die Patientenseite zu beweisen. Ist der Beweis erbracht, wird die Beweislast für den Ursachenzusammenhang zwischen dem Fehlverhalten der behandelnden Person und dem Schaden des Patienten der Seite des Behandelnden auferlegt. Dieser hat dann gegebenenfalls zu beweisen, dass der geltend gemachte Schaden auch ohne den Behandlungs- bzw. Pflegefehler eingetreten wäre.

Eine weitere Form der Beweiserleichterung, die anders als die Beweislastumkehr nicht gesetzlich geregelt, aber durch die Rechtsprechung anerkannt ist, stellt der sog. Anscheinsbeweis (oder: Beweis des ersten Anscheins) dar: Kann von einem bestimmten Behandlungs- bzw. Pflegefehler typischerweise auf die Verursachung eines vorliegenden Gesundheitsschadens oder umgekehrt von einem Schaden auf einen bestimmten Versorgungsfehler geschlossen werden, obliegt es der behandelnden bzw. pflegenden Person, den Anschein des Vorliegens eines Versorgungsfehlers dadurch zu erschüttern, dass für diesen Einzelfall ein sog. atypischer Geschehensablauf nachgewiesen wird. Wird also bspw. bei einem Patienten, der über heftige Bauchschmerzen klagt, im Bauchraum ein OP-Tuch gefunden, kann davon ausgegangen werden, dass das Tuch nicht über den Verdauungsweg in den Körper des Patienten gelangt ist, sondern bei einer zuvor im Bauchraum durchgeführten Operation vergessen worden ist und insofern ein grundsätzlich vorwerfbares Verhalten des OP-Teams vorliegt. Die Grundsätze des Anscheinsbeweises können also stets dann angewendet werden, wenn ein Sachverhalt feststeht, der nach der allgemeinen Lebenserfahrung auf eine bestimmte Ursache oder einen bestimmten Geschehensablauf hinweist.

4.3.6 Dokumentation

Das Führen einer Patientenakte gehört zu den Nebenpflichten aus einem Behandlungs- bzw. Krankenhaus-, daneben aber auch aus einem Pflege- oder Heimvertrag. Sie dient in erster Linie der Information der an der Versorgung des Patienten beteiligten Akteure, kann darüber hinaus aber auch als Mittel der Beweisführung in einem Haftungsfall dienen. Insofern richten sich Umfang und Inhalt der Dokumentationspflicht vorrangig nach medizinisch-pflegerischen Erfordernissen – Juristen und Patienten gehören zu den eher sekundären Adressaten der Dokumentation.

Für den Behandlungsvertrag ist die Dokumentationspflicht gesetzlich bestimmt (zur Dokumentationspflicht von Pflegeeinrichtungen nach § 71 Abs. 1 und 2 SGB XI vgl. vor allem *Klie* 2015). Danach ist die Behandlungsseite verpflichtet, in unmittelbarem zeitlichen Zusammenhang mit der Behandlung eine Patientenakte entweder in Papier- oder elektronischer Form zu führen, in der sämtliche aus medizinisch-pflegerischer Sicht für die aktuelle und künftige Behandlung bzw. Versorgung des Patienten wesentlichen Maßnahmen und Aspekte aufzuzeichnen sind (Abb. 26) (☞ § 630f Abs. 1 und 2 BGB).

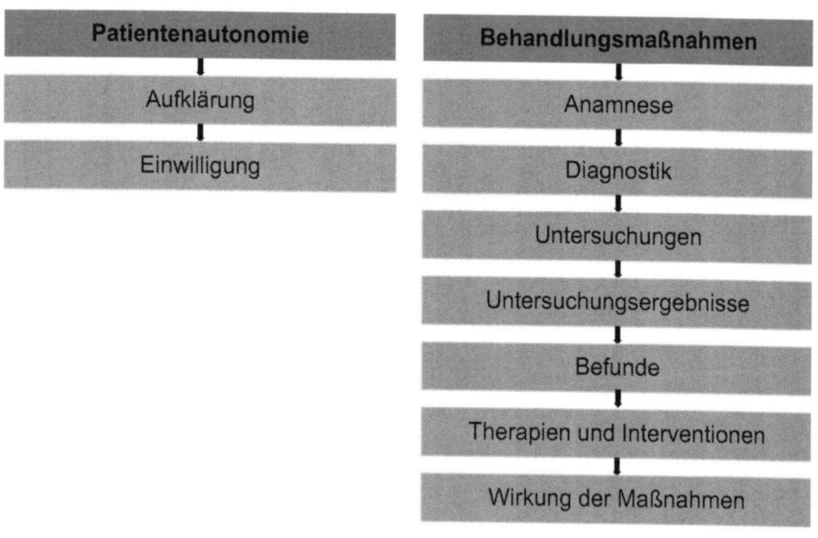

Abb. 26: Dokumentationspflichten aus dem Behandlungsvertrag

Eine ordnungsgemäße Dokumentation umfasst dabei im Wesentlichen die folgenden Elemente:

1. Name des Patienten
2. Maßnahme
   a. Art
   b. Durchführung
   c. Zeitpunkt bzw. Dauer
3. Durchführender
4. Handzeichen des Durchführenden
5. Anordnender
6. Handzeichen des Anordnenden

Da die Dokumentation auch der Beweisführung dienen kann, sind Korrekturen und Änderungen von Eintragungen in der Patientenakte nur zulässig, wenn neben dem ursprünglichen Inhalt erkennbar bleibt, wann sie vorgenommen worden sind (§ 630f Abs. 1 Satz 2 BGB). Ist die Behandlungsseite ihrer Dokumentationspflicht nicht oder nicht ausreichend nachgekommen, wird im Sinne einer Beweiserleichterung vermutet, dass die infrage stehende Maßnahme nicht durchgeführt worden ist (§ 630h Abs. 3 BGB).

Nach § 630f Abs. 3 BGB ist die Patientenakte für eine Dauer von zehn Jahren nach Abschluss der Behandlung aufzubewahren. Da Schadensersatzansprüche, die auf der Verletzung der Gesundheit oder des Körpers des Patienten beruhen, nach § 199 Abs. 2 BGB allerdings erst nach 30 Jahren verjähren können, empfiehlt es sich, die Aufbewahrungsfrist entsprechend anzupassen bzw. zu verlängern. Das Recht zur Einsichtnahme in die Patientenakte ergibt sich für den Patienten aus ☞ § 630g BGB und ergänzend aus ☞ §§ 810 f. BGB.

Literaturverzeichnis

Achterfeld, Claudia: Aufgabenverteilung im Gesundheitswesen. Rechtliche Rahmenbedingungen der Delegation ärztlicher Leistungen, Berlin und Heidelberg 2014.

Antonovsky, Aaron: Health, stress, and coping, San Francisco 1979.

Bachem, Jörn und *Hacke*, Sylvia: Wohn- und Betreuungsvertragsgesetz. Kommentar, München 2015.

Berchtold, Josef et al. (Hrsg.): Gesundheitsrecht. SGB V | SGB XI, Baden-Baden 2. Aufl. 2018.

Bergmann, Karl Otto: Delegation und Substitution ärztlicher Leistungen auf/durch nichtärztliches Personal, in: MedR 2009, 1–10.

BMAS [Bundesministerium für Arbeit und Soziales] (Hrsg.): Übersicht über das Arbeitsrecht/Arbeitsschutzrecht, Nürnberg 13. Aufl. 2019a.

BMAS [Bundesministerium für Arbeit und Soziales] (Hrsg.): Übersicht über das Sozialrecht, Nürnberg 16. Aufl. 2019b.

Brockmann, Judith: Hilfsmittelversorgung im gegliederten Sozialleistungssystem, in: Sozialrecht aktuell. Sonderheft 2013, 19–30.

Dahm, Dirk: Der Pflegevertrag bei häuslicher Pflege gemäß § 120 SGB XI, in: Die Leistungen 2013, 617–619.

Deinert, Olaf und *Neumann*, Volker (Hrsg.): Rehabilitation und Teilhabe behinderter Menschen. Handbuch SGB IX, Baden-Baden 2. Aufl. 2009.

Dettling, Heinz-Uwe und *Gerlach*, Alice (Hrsg.): Krankenhausrecht. Kommentar, München 2. Aufl. 2018.

Deutsch, Erwin und *Spickhoff*, Andreas: Medizinrecht. Arztrecht, Arzneimittelrecht, Medizinprodukterecht und Transfusionsrecht, Berlin und Heidelberg 7. Aufl. 2014.

Dickmann, Frank (Hrsg.): Heimrecht, München 11. Aufl. 2014.

Ebsen, Ingwer (Hrsg.): Handbuch Gesundheitsrecht, Bern 2015.

Erb, Saskia: Die Kodifikation des Behandlungsvertragsrechts im BGB. Beseitigung alter oder Generierung neuer Probleme?, Baden-Baden 2018.

Fasselt, Ursula und *Schellhorn*, Helmut (Hrsg.): Handbuch Sozialrechtsberatung, Baden-Baden 5. Aufl. 2017.

Gassner, Christina und *Richter*, Ronald: Wohn- und Betreuungsvertragsgesetz. Handkommentar, Baden-Baden 2020.

Geene, Raimund und *Reese*, Michael: Handbuch Präventionsgesetz. Neuregelung der Gesundheitsförderung, Frankfurt am Main 2016.

Gehrlein, Markus: Grundwissen Arzthaftungsrecht, München 3. Aufl. 2018.

Griep, Heinrich und *Renn*, Heribert: Pflegesozialrecht, Baden-Baden 6. Aufl. 2017.

Großkopf, Volker (Hrsg.): Vorschriften und Gesetze für das Gesundheitswesen, Balingen 3. Aufl. 2019.

Großkopf, Volker und *Klein*, Hubert: Recht in Medizin und Pflege, Balingen 5. Aufl. 2019.

Heberlein, Ingo: Neuordnung der Verantwortungen in der Heilkunde? Die Richtlinie nach § 3 Abs. 3c SGB V zwischen Substitution und Delegation und die Folgen, in: PflegeRecht 2012, 67–81 und 143–157.

Hecker, Sonja und *Kieser*, Bernd: Praxishandbuch Vorsorgevollmacht und Patientenverfügung. Rechtsgrundlagen, Gestaltung, Einsatz, Köln 2017.

Henking, Tanja und *Mittag*, Matthias: Rechtliche Rahmenbedingungen, in: Henking, Tanja und Vollmann, Jochen (Hrsg.): Zwangsbehandlung psychisch kranker Menschen. Ein Leitfaden für die Praxis, Berlin und Heidelberg 2015, 29–90.

Hobusch, Sandra: Recht im Gesundheitswesen für Juristen und Nichtjuristen, München 2019.

Howald, Bert: Haftungsrecht für die Pflege. Zivil- und Strafrecht für Lehre und Praxis, Stuttgart 2018.

Huster, Stefan: Die Bedeutung des Krankheitsbegriffs für das Krankenversicherungsrecht, in: Beck, Susanne (Hrsg.): Krankheit und Recht. Ethische und juristische Perspektiven, Heidelberg 2017, 41–51.

Huster, Stefan und *Kaltenborn*, Markus (Hrsg.): Krankenhausrecht. Praxishandbuch zum Recht des Krankenhauswesens, München 2. Aufl. 2017.

Igl, Gerhard und *Welti*, Felix: Gesundheitsrecht. Eine systematische Einführung, München 3. Aufl. 2018.

Janda, Constanze: Medizinrecht, Konstanz und München 2016.

Janda, Constanze: Pflegerecht, Baden-Baden 2019.

Jorzig, Alexandra (Hrsg.): Handbuch Arzthaftungsrecht. Fehlerkategorien – Schadensregulierung – Mandats- und Verfahrensgestaltung – Praxistipps, Heidelberg 2018.

Jürgens, Andreas (Hrsg.): Betreuungsrecht. Kommentar, München 6. Aufl. 2019.

Jurgeleit, Andreas (Hrsg.): Betreuungsrecht. Handkommentar, Baden-Baden 4. Aufl. 2018.

Just, Katrin und *Schneider*, Egbert: Das Leistungsrecht der gesetzlichen Krankenversicherung, Berlin 2. Aufl. 2016.

Kaminski, Ralf: Die Pflegesatzverhandlung. Praxisleitfaden für ambulante und stationäre Pflegeeinrichtungen, Berlin 2015.

Katzenmeier, Christian: Patientenautonomie und Patientenrechte, in: Bundesgesundheitsblatt 2012, 1093–1099.

Kießling, Andreas: Schwanger oder krank? Abgrenzungsfragen der Leistungen der GKV bei Schwangerschaft und Mutterschaft, in: NZS 2017, 373–375.

Kingreen, Thorsten: Medizinrecht und Gesundheitsrecht, in: Ahrens, Hans-Jürgen et al. (Hrsg.): Medizin und Haftung. Festschrift für Erwin Deutsch zum 80. Geburtstag, Berlin und Heidelberg 2009, 283–296.

Klie, Thomas: Rechtsfragen der Pflegedokumentation, in: PflegeRecht 2015, 294–304 und 368–381.

Klinger, Gabriele: Gesundheitsrecht, in: Hurrelmann, Klaus und Razum, Oliver (Hrsg.): Handbuch Gesundheitswissenschaften, Weinheim und Basel 6. Aufl. 2016, 1053–1081.

Kostorz, Peter: Die ärztliche Behandlung einwilligungsunfähiger Patienten im Licht des neuen Patientenverfügungsrechts nach §§ 1901a und 1901b BGB, in: Gesundheitswesen 2011a, 13–19.

Kostorz, Peter: Schutz dementer Personen im bürgerlichen Recht. Geschäfts(un)fähigkeit, Betreuung, Einwilligungsvorbehalt und Unterbringung nach dem BGB, in: PflegeRecht 2011b, 447–455.

Kostorz, Peter: Krankenversicherung im Studium – zur versicherungsrechtlichen Einordnung von beschäftigten Studierenden und studierenden Beschäftigten, in: NZS 2012, 161–165.

Kostorz, Peter: Leistungen für Pflegebedürftige an der Schnittstelle zwischen GKV und SPV – Wer zahlt was im Falle häuslicher Pflege?, in: Unterricht Pflege 5/2015, 26–31.

Kostorz, Peter: Abkehr von der Minutenpflege. Das PSG II bringt einen neuen Pflegebedürftigkeitsbegriff und ein neues Begutachtungsverfahren, in: Pflegezeitschrift 2016, 282v287.

Kostorz, Peter: Rechtliche Rahmenbedingungen von Zwangsbehandlungen in der Psychiatrie, in: Unterricht Pflege 4/2017, 30–32.

Kostorz, Peter: Gesundheitsrecht, in: Haring, Robin (Hrsg.): Gesundheitswissenschaften, Berlin und Heidelberg 2019a, 761–778.

Kostorz, Peter: Ausbildungsrecht in der Pflege. Einführung in das Pflegeberufegesetz und die Ausbildungs- und Prüfungsverordnung, Stuttgart 2019b.

Kostorz, Peter und *Kernebeck*, Sven: 20 Jahre soziale Pflegeversicherung – Bilanz und Ausblick, in: Wege zur Sozialversicherung 2015, 35–41.

Krahmer, Utz und *Plantholz*, Markus: Wie soll der novellierte § 120 SGB XI umgesetzt werden? Zum Pflegevertrag im ambulanten Bereich, in: SozialRecht aktuell 2013, 137–143.

Laufs, Adolf et al.: Arztrecht, 7. Aufl. 2015.

Laufs, Adolf et al.: Handbuch des Arztrechts, 5. Aufl. München 2019.

Marschmann, Frank: Grundfragen des Rechts der Leistungserbringung in der sozialen Pflegeversicherung (SGB XI), in: SGb 1996, 49–58, 96–99 und 149–157.

Martis, Rüdiger und *Winkhart-Martis*, Martina: Arzthaftungsrecht. Fallgruppenkommentar, Köln 5. Aufl. 2018.

Meier, Alexander et al.: Pharmarecht. Arzneimittel- und Medizinprodukterecht, München 2. Aufl. 2018.

Meier, Sybille M. und *Deinert*, Horst: Handbuch Betreuungsrecht, Heidelberg 2. Aufl. 2016.

Muckel, Stefan et al.: Sozialrecht, München 5. Aufl. 2019.

Müller, Thorsten und *Schabbeck*, Jan P.: Praxishandbuch Pflegerecht, Heidelberg 2018.

Müller, Christian und *Wersig*, Maria: Der Rückgriff gegen Angehörige von Sozialleistungsempfängern. Arbeitslosengeld II, Sozialgeld, Sozialhilfe, Grundsicherung, Baden-Baden 7. Aufl. 2016.

Neuefeind, Wolfgang: Der Behandlungsvertrag. Kommentierung der §§ 630a bis 630h BGB mit Vorbemerkungen zu begleitenden Rechtsthemen, Baden-Baden 2019.

Niehues, Christopher: Notfallversorgung in Deutschland. Analyse des Status quo und Empfehlungen für ein patientenorientiertes und effizientes Notfallmanagement, Stuttgart 2012.

OLG Düsseldorf: Düsseldorfer Tabelle 2020, Stand 1. Januar 2020, unter: www.olg-duesseldorf.nrw.de/infos/Duesseldorfer_Tabelle/Tabelle-2020/Duesseldorfer-Tabelle-2020.pdf.

Pestalozza, Christian: Das Recht auf Gesundheit. Verfassungsrechtliche Dimensionen, in: Bundesgesundheitsblatt 2007, 1113–1118.

Preusker, Uwe K.: Das deutsche Gesundheitssystem verstehen. Strukturen und Funktionen im Wandel, Heidelberg 2. Aufl. 2015.

Prütting, Dorothea und *Prütting*, Jens: Medizin- und Gesundheitsrecht. In Klausur und Praxis, Berlin und Boston 2018.

Quaas, Michael et al.: Medizinrecht, Öffentliches Medizinrecht, Pflegeversicherungsrecht, Arzthaftpflichtrecht, Arztstrafrecht, München 4. Aufl. 2018.

Raak, Wolfgang und *Thar*, Jürgen: Leitfaden Betreuungsrecht für Betreuer, Vorsorgebevollmächtigte, Angehörige, Betroffene, Ärzte und Pflegekräfte, Köln 7. Aufl. 2018.

Richter, Ronald: Die neue soziale Pflegeversicherung – PSG I, II und III. Pflegebegriff, Vergütungen, Potenziale, Baden-Baden 2. Aufl. 2017.

Ries, Hans-Peter et. al: Arztrecht. Praxishandbuch für Mediziner, Berlin 4. Aufl. 2017

Robbers, Jörg und *Wagener*, Andreas (Hrsg.): Die Krankenhausbehandlung. Praxiskommentar zur Vertragsgestaltung. Band. 1. Verträge zwischen Krankenhaus und Patient, Stuttgart 3. Aufl. 2017.

Roch, Svenja und *Hampel*, Petra: Modelle von Gesundheit und Krankheit, in: Haring, Robin (Hrsg.): Gesundheitswissenschaften, Berlin und Heidelberg 2019, 247–255.

Rosenbrock, Rolf und *Gerlinger*, Thomas: Gesundheitspolitik. Eine systematische Einführung, Bern 3. Aufl. 2014.

Roxin, Claus: Zur strafrechtlichen Beurteilung der Sterbehilfe, in: Roxin, Claus und Schroth, Ulrich (Hrsg.): Handbuch des Medizinstrafrechts, Stuttgart et al. 4. Aufl. 2010, 75–122.

Schlegel, Thomas: Medizin- und Gesundheitsrecht, Stuttgart 2. Aufl. 2020.

Schnapp, Friedrich E. und *Wigge*, Peter (Hrsg.): Handbuch des Vertragsarztrechts. Das gesamte Kassenarztrecht, München 3. Aufl. 2017.

Simon, Michael: Das Gesundheitssystem in Deutschland. Eine Einführung in Struktur und Funktionsweise, Bern 6. Aufl. 2017.

Sodan, Helge (Hrsg.): Handbuch des Krankenversicherungsrechts, München 3. Aufl. 2018.

Spickhoff, Andreas (Hrsg.): Medizinrecht, München 3. Aufl. 2018.

Spickhoff, Andreas (Hrsg.): Medizin- und Gesundheitsrecht. Vorschriftensammlung, Heidelberg 2. Aufl. 2019.

Statistisches Bundesamt (Destatis) (Hrsg.): Statistisches Jahrbuch 2019, sine loco 2019.

Sträßner, Heinz: Haftungsrecht für Pflegeberufe. Ein Leitfaden, Stuttgart 2006.

von Koppenfels-Spies, Katharina: Sozialrecht, Tübingen 2018.

Walter, Ute: Das neue Patientenrechtegesetz. Praxishinweise für Ärzte, Krankenhäuser und Patienten, München 2013.

Waßer, Ursula: Schnittstellen zwischen Kranken- und Pflegeversicherung, in: Kranken- und Pflegeversicherung 2015, 89–96.

Weiß, Thomas: Recht in der Pflege. Lernen, Verstehen, Anwenden, München 2. Aufl. 2016.

Wenzel, Frank: Patientenrechtegesetz. Kommentar für die Praxis, Heidelberg 2017.

Wiese, Ursula Eva: Pflegerecht. Grundlagen, Fälle, Praxis, München 2. Aufl. 2014.

WHO [World Health Organization]: ICF – International Classification of Functioning, Disability and Health, Genf 2001.

Zenger, Christoph Andreas: Was ist Gesundheitsrecht? Vorschlag für eine juristische Konzeption, in: Schweizerische Zeitschrift für Gesundheitsrecht 2003, 15–38.

Zöller, Maria: Gesundheitsfachberufe im Überblick, Bonn 2014.

Stichwortverzeichnis